松陵印记

马常宏 著

苏州大学出版社

图书在版编目（CIP）数据

松陵印记 / 马常宏著. -- 苏州： 苏州大学出版社，2016.8

ISBN 978-7-5672-1789-8

Ⅰ.①松… Ⅱ.①马… Ⅲ.①乡镇－概况－苏州 Ⅳ.①K925.35

中国版本图书馆CIP数据核字（2016）第199449号

吴地文化丛书编委会

编委会主任：沈庆年
编委会副主任：马常宏

责任编辑：倪浩文
策划编辑：谭家馨　温菲菲
策　　划：海通传媒出版机构
装帧设计：温菲菲
印　　务：郁梦玮

松陵印记

丛书主编　沈庆年
著　者　马常宏

苏州大学出版社出版发行
（地址：苏州市十梓街1号　邮编：215006）
苏州恒久印务有限公司
（地址：苏州市友新路28号东侧　邮编：215128）

开本700mm×1000mm　1/16　印张17.25　字数265千
2016年8月第1版　2016年8月第1次印刷
ISBN 978-7-5672-1789-8　定价：85.00元

苏州大学版图书若有印装错误，本社负责调换
苏州大学出版社营销部电话：0512-65225020
苏州大学出版社网址 http://www.sudapress.com

马常宏,男,1957年生,吴江松陵人。1985年毕业于常熟理工学院艺术设计院,高级工艺美术师。当过知青、工人,做过美术包装设计师,为江苏省工艺美术学会会员、苏州市美术家协会会员,平面设计作品多次获全国、省、市奖项。举办过江苏省首个个人商标设计展览,出版作品集有《马常宏论文标志商标专辑》《马常宏标徽设计作品集》。20世纪80年代开始关注松陵变化,2003年尝试写作松陵往事,作品散见于各种报刊。参与松陵盛家库历史街区的文史专家组工作。现供职于吴江日报社。

《松陵印记》编委会

特邀顾问

沈昌华

主　任

金伟华

副 主 任

戴丹　徐文磊　宋莲　顾春荣　沈庆年

书名题签

汪鸣峰

执行编务

谭家馨　温菲菲

美术装帧

温菲菲

策　划

海通传媒出版机构

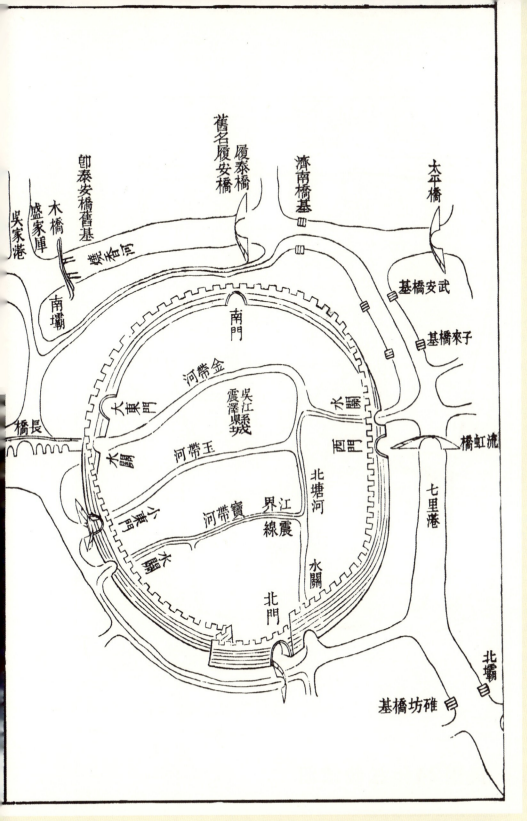

光绪十五年（1889）《续纂江苏水利全案》重浚震泽烧香河图

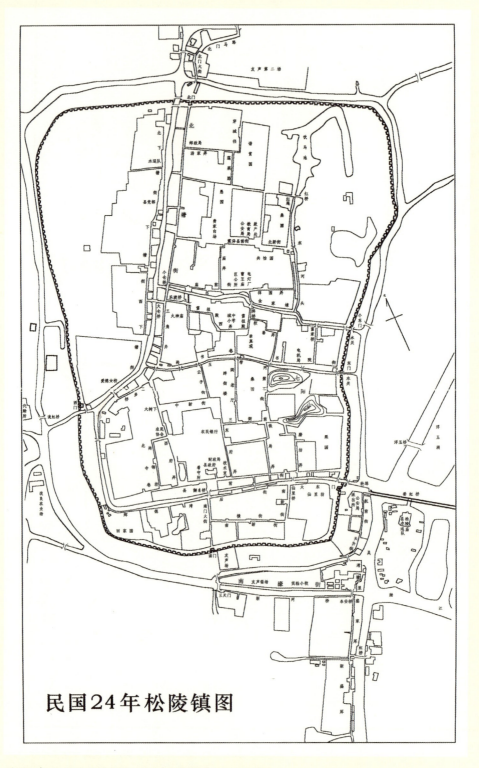

民国24年(1935)松陵镇图,出自《松陵镇志》2013年版。

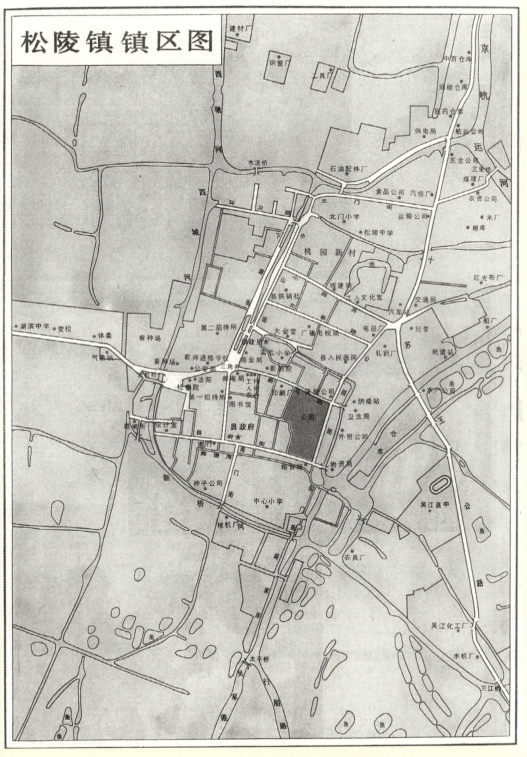

松陵镇区图,出自《吴江县志》1994年版

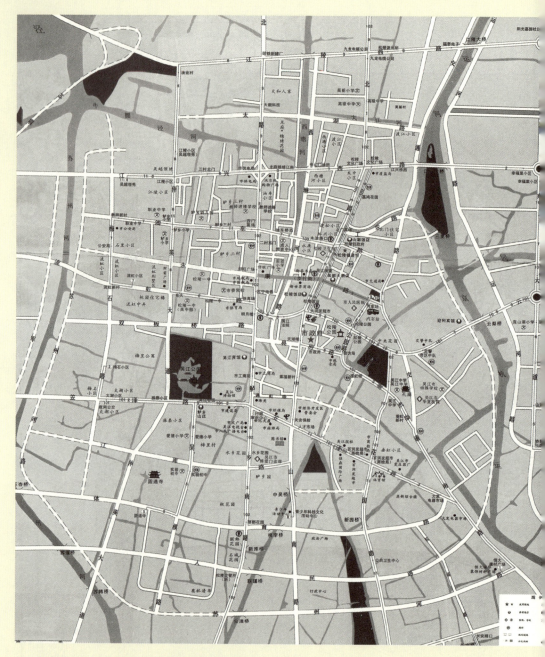

吴江市城区图,出自《吴江市交通旅游图》2007年版

序

  自汉高祖元年置为军镇以来，松陵以其优越的地缘优势，历经汉唐风韵、明清桨声、民国灯影、新中国华彩，形成了自己的独特地位。从政治上来说，松陵一直是吴江这片土地上的政治中心，而且曾经出现过一镇两县的"历史奇观"：吴江历代政府的政令都是从松陵地界发出的；从经济上来说，松陵是"天堂中央"的中央，以稻作、桑蚕为代表的物产十分丰富，人民富裕安康，历代经济发展与新时期改革气象一直处于同行前列；从文化上来说，松陵历来是块文化高地，自身既有由自然形成的人文现象（如太湖、淞江、运河为代表的湖河文化），又有以历史人文创造的文化现象（三高文化、垂虹文化、沈璟戏剧吴江派、吴门孝道文化、计成园冶文化等），在中华文化系列中占据十分重要的位置。

  近年来，越来越多钟情松陵的人士，投身于这片热土，深入挖掘松陵的历史文化，钩沉松陵的往昔风华，编印出版了许多有关"老松陵"的书籍。如今，一本名叫《松陵印记》的文稿又锻炼成形，正待付梓。编者对松陵情有独钟，径有独辟，思有所悟，文有所积，流淌出洋洋数十万字。翻开这本书，已经消亡的"镇迹"复活人们脑际，湮没的标志重新树立人们心田，关门打烊的旧市重整旗鼓，淡忘遗落的故事鲜活再世，老记忆随风流动，旧风华枯木生姿……

  松陵的过去充满光彩，松陵的现在也充满光彩。如今的松陵早已不再是个"军镇"，孕育于太湖的松陵，正阔步迈入太湖的时代。应运而生的吴江太湖新城，使得古老松陵一改"城无十里之方，市无千里之聚"的农耕业态下的蓝缕面貌，城市规模、道路交通、街市繁华、经济发展、产业结构、生态文明、居民生活、社会保障等，都已打上了全新而灿烂的时代印记，"老松陵"正蜕变成一个充满神奇、充满创造、充满文化、充满智慧、充满魅力的现代化"新松陵"，其内在追求与优良品质，如同无垠的太湖涌动着激情，勾画出"垂虹秋色满东南"的气象与自信。

　　松陵是古老的，更是年轻的。松陵不唯古老，更在古老中一直充满生机；松陵不唯年轻，更在年轻中时刻诞生创造！

　　我们相信，吴江太湖新城的水韵涛声必将为"新松陵"而击节欢歌！

2016年6月

（金伟华，吴江太湖新城党工委副书记、管委会主任。）

序 .... （ 1 ）

目录

第一章 松陵街巷

永康路 .... （ 3 ）

金家埭 .... （ 7 ）

四维弄 .... （ 11 ）

银行弄 .... （ 16 ）

健康路 .... （ 20 ）

紫石街 .... （ 25 ）

吴同路 .... （ 30 ）

第二章 松陵地标

- 吴江城墙和老房子 …………………………………………（37）
- 松陵的河道 …………………………………………………（43）
- 三角井 ………………………………………………………（47）
- 松陵桃园 ……………………………………………………（53）
- 松陵红房子 …………………………………………………（59）
- 流虹桥和它的故事 …………………………………………（64）
- 松陵菜场 ……………………………………………………（70）
- 松陵靶子山 …………………………………………………（76）
- 松陵公园的前世今生 ………………………………………（81）
- 西门电灌站与鲈乡北路 ……………………………………（91）
- 松陵至苏州公交站的四次迁移 ……………………………（95）
- 盛家厍李宅 …………………………………………………（99）
- 奇特的四角桥 ………………………………………………（105）
- 三访南厍 ……………………………………………………（109）
- 洗马池 ………………………………………………………（113）

第三章 老店名厂

松陵鸿运楼 ……………………………………………………………（119）

松陵老虎灶 ……………………………………………………………（124）

松陵照相馆 ……………………………………………………………（128）

松陵理发店 ……………………………………………………………（132）

松陵肉店 ………………………………………………………………（135）

仓桥酱园店 ……………………………………………………………（139）

吴江印刷厂 ……………………………………………………………（143）

吴江红光布厂 …………………………………………………………（150）

第四章 往事钩沉

松陵吴淞江与上海黄浦江的历史渊源 ………………………………（159）

浪打穿"界桩" …………………………………………………………（166）

吴江蚕种场洗匾码头 …………………………………………………（172）

写生作品记松陵 ………………………………………………………（176）

小旅馆见证了一对文化名人的爱情 …………………………………（184）

难以忘怀的小镇美人 …………………………………………………（189）

朱月凤平凡的革命人生 ………………………………………………（192）

名字曾被镌刻到烈士墓碑上的老兵邵元山 …………………………（199）

第五章 松陵艺人

严仁荣：扮龙像龙装神像神 ……………………………………………（207）

姚家兰：一朵芬香的幽兰 ………………………………………………（217）

李松英：推经传人 ………………………………………………………（221）

周鑫华：带有泥土芳香的农民艺术家 …………………………………（227）

孙承孝：巧匠之手塑美景 ………………………………………………（232）

钮永黔：给葫芦烙画的人 ………………………………………………（235）

第六章 印影留痕

中山街 ……………………………………………………………………（241）

北塘街 ……………………………………………………………………（244）

县府街 ……………………………………………………………………（246）

北门、东门 ………………………………………………………………（247）

北新街 ……………………………………………………………………（249）

祥园弄 ……………………………………………………………………（251）

城中广场　轮船码头 ……………………………………………………（253）

街景拾趣 …………………………………………………………………（255）

参考书目 …………………………………………………………………（259）

后　记 ……………………………………………………………………（261）

第一章

松陵街巷

吴江，一向有着深厚的文化积淀，尽管城市化建设正如火如荼地进行，然而这种久积的文化，仍然会从各种缝隙中流露出来，比如说古迹、路名、桥名等，探究吴江路名，常常能找到一些有吴江特色的文化印记和趣闻。

永康路

　　吴江，一向有着深厚的文化积淀，尽管城市化建设正如火如荼地进行，然而这种久积的文化，仍会从各种缝隙中流露出来，比如说古迹、路名、桥名等，探究吴江路名，常常能找到一些有吴江特色的文化印记和趣闻。

　　在吴江，变化最大、影响最广的要数永康路了。它由原来一条毫不起眼的小弄变成如今的永康路商业街，近千米长的街面寸土寸金，人气旺盛，为古城注入了新的活力。

　　说起永康路路名的来由，确实有些故事。这里先要从吴江松陵的地理环境讲起。松陵濒临太湖，自然条件得天独厚。适宜种植一些小型植物。在镇的南面有座太平桥，桥的一侧有这么一副桥联："千家城廓蚕桑地，万顷烟波鱼米香。"这副桥联不但生动地写出了吴江素有鱼米之乡、丝绸之府的美誉，而且也把松陵地区种桑养蚕这一生产劳动反映了出来（此桥在吴家港公园边上，原为梁式三孔，后桥毁，改建为单孔，桥联也消失了）。同样在民国年间，松陵费善庆在描写西门流虹桥时，这样写道："一桥依旧跨西东，两岸桑麻望郁葱。"吴江这种特有的"蚕事胜耕田"的现象，直接反映了种桑养蚕的盛况，道出了栽桑育蚕缫丝所带来的丰厚利益。20世纪20年代以来，苏南一带养蚕业继续盛行。随着发展，科学养蚕事业在我县蓬勃兴起，特别是那种新法、科学的养蚕方式，更是深得人们的喜爱和欢迎。在吴江人郑辟疆、费达生、李权等人的带领下，以友声蚕种场为首的多家蚕种制造场先后在松陵开办。

到了20世纪30年代初，吴江县城共有四家蚕种场，它们分别是友声蚕种场（位于南门，北门为分场，郑蓉镜、李权、费达生等创办）、义兴蚕种场（位于南门，由友声蚕种场转给施育德经营）、天元蚕种场（位于西门，费彝锦创办，后为李权经营）和永康蚕种场（位于下塘街西，张之煌创办）。其中永康蚕种场成立于1933年，场址就在如今永康路中段新华书店对面的位置。1934年5月，吴江县被列为江苏省蚕桑改良区。后来日军侵占吴江时，这四家蚕种场曾先后停业，到了1946年、1947年才相继恢复生产。新中国成立后，1956年，四家蚕种场合并成立了公私合营吴江县蚕种场。

2005年8月，笔者在鲈乡三村走访了九十高龄的吴金林老人，她是永康蚕种场创始人之一。吴奶奶是浒墅关人，十四岁便开始养蚕，早年曾在费达生的丝厂里做过工，洗过茧。在那里相识了与费达生一起在日本留过学的张之煌先生，后来与张之煌结婚。随着实业救国风潮的兴起，以张为代表，几个人一起到吴江来发展蚕业，吴奶奶随着丈夫来到吴江。为了把蚕桑业做得

张之煌先生和他的笔记本（张之煌女儿张网菊女士提供）

【左】20世纪80年代的永康弄
【中】北新路旧貌
【右】中山街上、北新路西端的松陵商业办事处

更好,他们便在吴江的多个地方开荒置田,种植桑树,并且和几位股东在下塘街西面开设了蚕种场,从事养蚕、卖桑叶、卖茧。吴奶奶的丈夫张之煌先生(安徽人,新中国成立后先后在江苏省农林厅、江苏省蚕种公司任工程师,1959年10月在广东参加全国性蚕桑会议期间,不幸因公殉职,时年五十九岁)为蚕种场起名为永康蚕种场,他们生产的蚕种牌号为"双龙牌"。最初蚕种场的附近只有三户人家,四周全是桑树地,蚕种场通往下塘街的一段窄路起先叫作桑树弄,后来,因永康蚕种场声名鹊起,来往的人多了,大家就把此弄称为永康弄。

在以后的日子里,永康弄周边的人家逐渐多了起来。到20世纪60年代初期,永康蚕种场合并到县蚕种场,县城里一大批外来的老干部及家属入住进了蚕种场。至此,永康蚕种场在永康弄里消失了,但留下了让人难以忘怀的弄名。在"文革"期间,永康弄一度被称作永革弄。后来在永康弄北侧的居民住宅区中又派生出了永康一支弄、二支弄、三支弄等小弄。

20世纪90年代,吴江城开始了较大规模的旧城改造。在永康弄的北面新辟了一条大路,称作永康路,并且在路西端的西塘河上新建了永康桥,以接通河西的地域；在路东端的北塘河上建起了北新桥，连接着北新路。

为了打造商业经济氛围，凝聚人气、商气，突出城市的窗口形象，政府部门首先把北新路与永康路连接，合并称为永康路商业街。第一期改造工程，东起227省道汽车站，西至永康桥，在六百八十米的长街上，进行了全方位的商业化包装，亮丽的店面、缤纷的彩灯以及崭新的雕塑、路牌广告、大理石路面，把永康路点缀得像换了个人似的，散发着现代城市的气息，令久居松陵的人连连称许。2002年9月28日，永康路商业街一期工程胜利竣工，它标志着吴江城区有了第一条成规模、成系统的商业街。

不久，在永康桥到鲈乡北路之间，又开始了永康路商业街第二期工程建设，好旺广场、时代超级购物中心的建成，为商业街添上了浓厚的一笔。后来又在小商品市场的旧址上新建了万亚商业广场及很多国内外的知名连锁店。从此，永康路成了吴江市民、周边群众上街购物的首选地，它的路名真正地融入了群众的生活之中。

时代的发展，为永康路路名赋予了新的含义，从永康弄到永康路，这也许是当初张之煌先生起名时未曾想到的。也难怪吴奶奶的一位温州老友来吴江叙旧时，望着永康路上多处有"××永康店"标记的建筑时，还误以为是张先生留下的产业呢。

回首岁月，路名是城市的脉络，路名中流淌的城市故事往往会让人细细回味。

今日永康路商业街

金家埭

松陵原本是一个水多的古镇，镇内一纵三横的河流和大小不一的水塘，让松陵滋润得人杰地灵，物华天宝。随着沧桑变化，有些河道已逐渐填没，池塘也消失了。至目前为止，古镇上仅存的只有三横之一的宝带河（思鲈石处向东到小东门桥处）和一纵北塘河的北段（思鲈石处向北至水关桥）。在宝带河的北岸由两段街道组成，一为庙前街，另一为金家埭。

金家埭，这个带有水乡特色的地名，在老松陵人中几乎是人人知晓的。埭，字典解释为坝，与塘、堰、圩等字与义一样，都和水利有密切关联。因而，金家埭沿河而筑，称埭也非常顺当。该宝带河历史可悠久了，元末张士诚拓建吴江县城前，是城北的护城河，到清代雍正四年（1726）吴江分为吴江县和震泽县，两县同城而治，这条河又成了古镇中特有的一条界河，宝带河北为震泽县，南为吴江县。东西走向的宝带河在中间有两个"S"形的弯处，金家埭就处在两个"S"形的中间。

金家埭是一条普通而平凡的沿河老街，街面宽约三米，不足百米长的街道，鳞次栉比的房屋沿河而筑，独特的地理环境，造就了该街道安逸的氛围。在街道的东端弯处，早先有一条向北的小河，称作东河头，此河直通工人文化宫处的洗马池，所以在这东河头与宝带河的交汇处上还有一座小桥，以连接东面的道路。到了20世纪60年代初，东河头填没，小桥也拆了，使得金家埭与富家桥那里连成一片。金家埭上的居民不是很多，有门面可数的也只有十几户，只是有的一个门面里住了多户人家。

　　按地名习俗看，凡称作"×家弄""×家浜""×家村"等，这些带有"家"字姓氏的，一般都与当地一些名门望族或创建者有关。前些年，笔者走访了几位久居金家埭的居民，想了解一下金家埭的前世今生。一位徐女士说，听老人们讲这里最早是有两户姓金的人家，估计以前是同族人，到后来也不往来了。一家金姓人家老早就离开了吴江，现不知所踪。另一家金姓人家有后代，现仍居住镇上。当笔者寻访到那位姓金的女士后，问起金家埭的来历，回答也是模糊不清。由于街名历史久远，一些老人已离世，对金家埭的来历更是说不清道不明了。另一位七十多岁的何先生说："我出生就在金家埭，我家的房子是我老太太留下的，早年老太太为金家做'新货'（指嫁新娘子时的嫁妆），此房金家一时拮据付不出工钱，便拿几间房抵给了老太太。"此房后来一直传到了何先生手中。至于为何叫金家埭，他也说不清楚。何先生说，街道上户数不多，本乡本土的，人际关系相当融洽，夏天乘凉时，都会把街道洒湿，然后听长辈们大摆龙门阵。

　　笔者经过多方努力，最后查到地方典籍，其中有所披露金家埭的来龙去脉。宋徽宗时吏部尚书金安节的次子金仪，在1127年随宋高宗赵构南渡后，到吴江定居，建房筑屋，营宅于镇上斜桥东北、宝带河北岸，在宅旁还营建了金家祠堂。到了明朝弘治四年（1491），金安节的裔孙金洪从靖江来到吴江出任知县，金洪体恤民情，常为百姓疾苦着想，勤政爱民，得到了吴江百姓的赞扬和爱戴。他为民请愿，免除一些赋税；他刚直不阿，对不尽职的官吏一律杖责；他不惧豪门猾吏，维护百姓利益。以至不少人对他感恩戴德，有的百姓生了儿子都改为姓金，以不忘金洪的恩德。金洪在吴江任职六年，坚持廉政为民，节省各项开支，每年减少各种横征暴敛银二十万两，贮存预积米达到二十七万三千多石，全县编户增至十二里（明代一百一十户为一里）。1496年，金洪因政绩突出，升职为监察御史，巡按陕西。在吴江期间，金洪曾修缮金家祠堂，并购置了十三亩农田作为祭祀用田。金家的宅第众多，再加上庞大祠堂，这一段小街巷几乎全成了金家的地盘，镇上人便俗称这里为"金家埭"。在乾隆《吴江县志》卷五十七中有这样的记载：知县金洪之始祖安节，宋徽宗时权吏部尚书，次子（金）仪，迁吴江建祠于所居旁。（金）洪来为知县，整新祠宇，复置田十三亩供祭祀。今俗称金家庵。

据查，金安节的后裔现在大部分居住在苏州东山、西山一带。

后来从这片小小区域内，陆续走出了两位黄埔军校生，让镇上其他街道的人刮目相看。一位叫李宗舜，字群奇，他是黄埔军校第五期步兵科第二学生队学员，入校时登记的年龄为二十二岁，与中国人民解放军许光达大将、张宗逊上将、谭希林中将等人是同期同学。作为一名黄埔学生，李宗舜应该也是其中的佼佼者。到第六期时，他已经留校担任步兵第一大队第四中队中尉区队副。其入校时登记的通讯地址为"吴江东门外盛家库吴祥兴号转"，在担任区队附后登记的通讯地址为"江苏吴江县金家埭交"，盛家库和金家埭均在今松陵镇。

另一位叫杨澄，他是黄埔军校第二十二期学生。黄埔军校于1946年元旦后改为陆军军官学校，校长蒋介石改任名誉校长，由关麟徵升任校长，学校设在成都。1946年12月，学校停办，共办了二十三期。2012年笔者见到杨澄先生时，他已有八十七岁高龄，他是吴江中学1944年初中毕业生，1947年高中毕业生。当年杨澄入学报考黄埔军校时，只有二十三岁，学的是炮兵专业。他入学时名为杨森，但由于与时任陆军上将、贵州省主席杨森同名，只能改名为杨澄。杨澄登记的通讯地址是：江苏省吴江县城内东河头13号。而东河头的地址就在金家埭的东侧，所以也可算是金家埭的人。当年6月初，杨先生带着儿子从台湾回到松陵探亲，看望哥哥，笔者与他作了交流，他对金家埭的印象还是非常深刻的。见到金家埭老照片，他非常高兴。

金家埭一带虽然较偏，但人气还是比较旺盛的。20世纪60年代到90年代中，西面的吴江大会堂、祥园书场和东面的吴江人民医院，是城里居民常要光顾的三大去处，城中的人要看个病须途经这里，城东的人要瞧个戏听个

【上、下】：金家埭街貌

第一章

斜桥边的金家埭和民国洋房

书也要路过这里，再加上金家埭的西端斜桥边上有座典型的民国建筑，叫"大东旅馆"，新中国成立后，吴江县工商联长期在那里办公。1983年11月，吴江县个体协会也在这里成立，为引领吴江个体经济的发展做出了很大的贡献。街道上还有手工业联社和街道办事处，这些因素构成了金家埭白天热闹、夜晚寂静的街道特色。

随着岁月的流逝，宝带河边的风情也随之发生变化。从20世纪80年代末开始，庙前街首先进入拆迁范围，到了1999年，金家埭也列入了拆迁名单。当年据说要在这儿建设打造松陵夜市，可是多年下来，夜市没见兴起，老房旧貌倒消失得无影无踪了。街上的人家也四散到各处居住，街上偶尔相见，也只剩一份对往日邻居的思念和对日后生活的向往。只有那弯弯的宝带河（现称市河）依然健在，不停流淌的河水，诉说着沿岸的一切变化。

金家埭，一个松陵镇上的地名，一段老松陵人生活的写照。地形河流依然在，往日风情不见踪。以上就是金家埭的来龙去脉。

四维弄

松陵虽称不上江南名镇,但也算是资深小镇了。千年古镇上除了有悠久的文化历史外,也有着众多的文物遗迹。而显示小镇内涵的、也是最直观的,就是那些与生活密切相关的街巷路弄。小镇就像片树叶,街路就似叶上的茎干,而那些小巷小弄,就像茎干上的茎络。小巷小弄遍布整个小镇,像一张网,汲取着养分,滋润着小镇的发育成长。

松陵镇上的弄堂不少,各具特色,别样的风情铸就了小弄的文化底蕴。如健康弄,反映的是卫生系统的故事;银行弄,则是与吴江金融历史有关;永康弄,是吴江蚕业的发祥地。还有诸多的汤家弄、小园弄、铁局弄、磨坊弄等。因而说,每条弄堂一弯一曲、一高一低,都有故事,都值得我们挖掘。所以,我们镇上一位学者说过:弄堂也有文化,它反映的是古镇的传统文化、古镇的历史成因。所以,梳理弄堂,也是挖掘传统文化的一种形式。

在镇上众多的弄堂中,四维弄比较特别,也是镇上唯一带有宗教色彩的弄堂。该弄位于市区中心地段中山街的东侧,是一条南北向的弄堂,约有百米长。南接永康路商业街,北穿透小园弄直至汤家弄。紧贴弄的东南面,就是鼎鼎大名的吴江看守所旧址（现为友谊商城），镇上人俗称"大禁"。"大禁"的东面则是当年震泽县衙门的旧址。

据镇上老人讲，早先这地段比较偏僻，"大禁"是关犯人的地方，这儿更是人烟稀少。这"大禁"建于清代。1726年，吴江县一划为二，分成吴江、震泽两县，县衙同设松陵。以宝带河（现城中广场边上的小河）等河流为界，北侧为震泽县，南侧为吴江县。"大禁"是当时震泽县的看守所。"大禁"的北面是一长溜的衙门用房。至1946年，"大禁"还保留监房二十四间、工场五间。吴江解放后，改为县看守所。

20世纪初，中华基督教会开始从苏州传到松陵，信徒们只限于城郊的农民，活动也只在民房内进行。苏州第一家教堂天赐庄的圣约翰堂，对吴江教会有着一定的影响力，1933年，苏州一位姓黄的牧师来松陵筹建教堂，他选中了震泽县衙门西面、小园弄南侧的周家一块基地，用苏州教会拨款及信徒捐款，建了初期教堂。到1935年，由美籍传教士雷维恩和另一名外籍牧师戴

【左】四维弄与四维堂外景
【中】费因笃牧师
【右】四维堂内唯一留下的遗物——老井

维恩，再加上两名国内牧师慕维德和张维逊出资，一起对教堂进行改建，由于这四人的名字中都带有"维"字，所以就定名为"四维堂"。改建后的教堂，面积有一百三十五平方米，附房（也称牧师楼）有七百五十平方米，当时教堂归苏州会区领导，并管辖着同里分会。现教堂内任组长的姚丽娟介绍说，早期四维堂周边有大量的桃园，这些桃园归教堂所有，所摘桃子也是贴补教堂费用。

在四维堂的发展历程中，绕不开费因笃这位令人尊敬的牧师。费牧师生于1911年5月，松陵镇人，他十九岁毕业于苏州中学高师科，后考入上海中华艺术大学，学习西洋绘画（20世纪60年代在黎里中学任教时，也是以教美术为主），同时也对基督神学产生了兴趣。1936年他考入南京金陵神学院，经过四年多的潜心学习，以优异成绩毕业并被派到吴江基督教堂——四维堂任掌教牧师。由于牧师精于基督教义，深谙儒学、佛学要旨，学识渊博，并且乐于助人，所以费因笃深得信徒和民众的爱戴。四维堂的人士除了教会内的事外，也热衷于社会事业。当时烟土泛滥，危害国民身心，1934年吴江县禁毒委员会首次成立，一些修女便热心于禁烟工作，四维堂的钱曼修女便是县禁毒委员会的成员。四维堂参加社会公益活动，得到了教徒的赞许。1948年9月10日，吴江中华基督教会普益社成立，费因笃任主任委员。吴江解放前夕，他在教堂内多次帮助过中共地下党和进步学生，中共苏锡吴工委系统党员亦通过费因笃牧师和堂内的"普益社"进行活动，争取各界人士，扩大统一战线。这些在文史资料、离休干部回忆录中都有所反映。四维堂在传经布道中结合中国的传统道德观念，教化徒众互助互爱，以"有益社会、造福人类"为奉主之本，以博爱无私精神和科学技能奉献社会，因此该堂在松陵地区颇负声誉。费因笃本人于1950年3月22日，出席中共在上海召开的宗教界统战会议。1981年3月，出席县政协六届一次全会，被选举为吴江政协常务委员、文史资料研究委员会成员。

也许是四维教堂名声在外，根据乡俗的叫法，当地百姓就把教堂前的小弄习惯性地叫作了四维弄。这犹如镇上永康弄的来历一样，先有永康蚕种场，后有永康弄。至于何年形成这一叫法，难以考证。

早年的四维弄，非常之狭窄，约有一米宽点，加上对侧是"大禁"高森的围墙和旧衙门墙体（后来改为公安局宿舍楼），弄内颇显阴森黑暗。教堂的神秘和"大禁"的威慑，常使小孩子们不大敢往弄堂里跑。弄的西南面还有三省堂和一座大土墩，约有十米高，此处最早叫费家白场，包括现吴都大酒店这儿，也许是镇上费家的旧基，并有一户姓费的人家居住。据说，这儿的费家与费孝通同里祖家是同宗一脉。在弄中的四维堂，环境幽雅，四周树木葱茏，庭院式的大教堂建筑立面，虽是一层房，但看上去很高大，且显示着一种神圣的氛围。大门朝东，进门的门庭是一间四角廊屋。大教堂西面有长廊联通北面的一座两层的小洋楼，在门庭的北面也有一座一层的小洋房。庭院里桂花树阵阵幽香，几棵高大的冬青上挂着累累硕果，蔷薇和紫藤艳丽芬芳，是一个十分美丽的"U"形小庭院。靠北面还曾经作过托儿所。但到了后来，教堂几度停止活动，逐渐开始衰落并辟为民房。20世纪70年代中期，弄口的大土墩被推平，先后建了商校、供销职校、供销社。直至1993年，教堂才恢复礼拜活动，但旧房里仍住有六七户居民。

吴江区三自爱国运动委员会、基督教会主席杨炳荣先生对笔者说：松陵的费因笃牧师早有耳闻，他对松陵的基督教发展也很有贡献。遗憾的是一直没有机会见面，也许公务缠身，有几次重要的会议他没来参加，以至两人都遗憾地失之交臂。对于四维弄的弄名来历，杨先生估计也是随着四维堂的声誉慢慢传开来的吧。

到了20世纪90年代，吴江城开始了较大规模的旧城改造，并着力打造一条永康路商业街。因而在1993年11月，市看守所搬至油车路西。次年，四维弄东侧的高墙看守所被全部拆除，在原处新建了友谊商城。这时弄内的四维堂也摇摇欲坠，到了1996年年底，教堂房子处于危房并出现部分塌陷，居民遂陆续迁出。1997年年底在各级政府和信徒的支持奉献下，开始原地翻建教堂，1998年12月新教堂落成，面积达六百零八平方米，附房两百平方米。

随着旧城改造的深入及周边商业氛围的兴起，四维弄里再也不似以前安安静静的。弄堂被拓宽不少，弄的两边全是新的建筑和民居，弄的北端也越过小园弄一直延伸到了汤家弄。旧时的痕迹全无踪影，唯一能佐证四维堂有八十年历史的，只有那口留在大教堂内的老井了，清清幽幽的井水仍在为人们默默奉献着圣洁的甘露。

现在从那高耸雄伟的新教堂内飘出的赞美诗中，从"四维弄"这个弄名中，我们还能搜索到一点四维弄的来龙去脉，遥想当年庭院深深、弄巷静谧的样子。

银行弄

第一章

　　江南古镇，总有那么几条小巷深弄会被人深深记住的，尽管沧桑变化，岁月流逝，但小镇居民对弄巷故事永远津津乐道地讲述着。松陵镇的银行弄也不例外，在与老同学老街坊的聚会闲谈时，总会说起银行弄的历历往事。

　　银行弄位于县府街中端北侧，现在这条宽阔的银行弄，其实根本称不上"弄"，只能算作"路"而已。真正的银行弄位于现在银行弄的西面，原市政府大院的东面，后被围墙封闭，是2009年前松陵镇上仅存的一条石板旧弄，

【左】银行弄旧貌和叶家宅院
【右】旧银行的外貌

【左】俞樾题词的门楼
【中】原汁原味的旧银行弄
【右】薛凤昌

有近百米的长度,两侧高墙裹携。镇上人俗称旧银行弄。据史料记载,这条弄最早叫东府弄(一叫东火弄),因为它位于旧县衙的东侧面。旧银行弄东面是叶家的七进大宅院房,而这七进深宅大院,从南到北,层层递进渐高,充分符合古建筑中"步步高"祈求登高的营造构建方式,也是松陵镇上古建民宅中少见的大型建筑群。据了解,叶家里面的第三进门楼上的门额题词,上书篆体"光前裕后"四字,还是清末著名学者、教育家、书法家俞樾所题,在2009年的拆房过程中被一并拆掉,甚为可惜。

　　至于旧银行弄的弄名来由,据查证,1929年在弄内明代魏忠贤生祠的旧址上,建造了江苏农民银行吴江分行。银行的所在地,即如今区政协联谊会里面的洋房地址,位于旧弄北端西侧。在日寇侵占吴江时,这儿曾是侵华日军驻吴江宪兵队所在地。1944年12月,日本鬼子在这里杀害了教育家、吴江中学创始人薛凤昌先生。薛凤昌(1876—1944),号公侠、病侠,同里镇人,清末民初的大谜家,曾任东吴大学教授,早年留学日本,精通日语。1912年他与费伯埙等创办吴江县立中学,是首任校长。他与柳亚子等人组织"吴江文献保存会",保存、整理、研究乡邦文献。抗日战争前夕,赴上海光华大学任中文教授。1941年，回同里创办私立同文中学，任校长。1944年春，因拒绝敌伪派驻日籍教员而被捕，先被囚禁于县立图书馆内（原市一招），惨遭酷刑，但他正义凛然，以绝食明志。薛凤昌著述主要有《龚定盦年谱》《松陵文徵》《籍底拾残》《游庠录》《吴江文献保存会书目》（与柳亚子合辑）《邃汉斋碑帖目》《邃汉斋谜话》等。薛凤昌他那不为日寇教学的铮铮铁骨精神，赢得了世人的敬重。

1945年8月，地方政府派徐子为、倪次阮、庞京周等人在这里筹建了吴江县银行筹备处，资本为法币三千万元，分三十股，股息定为常年一分。也许从这时开始把东府弄改称为银行弄了。1946年5月，吴江县银行正式成立开业，因货币贬值资本增至三亿元。到了1949年5月，吴江县城解放，该银行也随即被吴江县人民政府接管，称作中国人民银行吴江支行，在松陵设吴江办事处，在盛泽、震泽、同里、黎里四地设分理处，初期为江苏省直接管辖。1950年，吴江办事处改称吴江县支行（简称县人民银行）。该银行在20世纪70年代初搬到了北面的红旗路上（原流虹路市检察院处）。但银行弄作为地方弄名，一直被称呼下去。

南临县府街的叶宅南大门，新中国成立后被辟为吴江县人民武装部所在地，1954年10月改为吴江县兵役局，1958年7月16日又复改称县人武部，再后来就改作市机关液化站。到了20世纪70年代末，由于城市规划布局调整，银行弄被前后封掉，南北通行都改走东面的新银行弄了。

旧银行弄从县府街一直通到北面中心巷这里，弄的西面便是旧县府所在地（原来的市政府大院）。2007年9月笔者走访了八十多岁的沈秀珍老人，她1963年从金家埭搬入旧银行弄内的叶家大院以后，对银行弄的变化有所记忆。她说，以前叶家大院在银行弄里有两个小门，在南北也有门。后来弄内的小门便封了，在东面那里（指新银行弄）开了门洞。院内的十几户人家全从这个窄小的门洞进出。当时东面哪有路呀，尽是些荒地和杂草。到了1965年，在县机关幼儿园的原址上开始筹备松陵自来水厂，开凿一号深井，东面这条路才慢慢热闹起来。当年寂静的银行弄北端，随着吴江县第一个自来水厂的建设和有着二十五米高度、容量六十吨的水塔的建立，一度人声鼎沸，热闹有加。当年笔者曾跟随母亲多次晚上来到水塔建设工地,看到碘钨灯灯火通明,忙碌的人们川流不息地挖土运泥。那时都是义务工,收工结束后每人发个大饼就算酬劳了。南北通向的旧银行弄,同样承担着这一特定时期的人流重载。

  被封存的旧银行弄,倒也与世无争,静静地与西侧人武部、市政府,东侧叶家大院为伴。2005年的一个初春,笔者几经周折进入旧银行弄内,窄窄的长弄,高高的院墙,凉飕飕的弄堂风,让人感觉阴郁幽暗,历经风雨的侵蚀,两壁墙体上已长出许多青苔。由于长年封闭,里面已是乱草丛生、杂物遍地。翻开杂物,光滑的石板依然健在,石板下的石砌阴沟内似乎仍在淌水,一脚踩下去,松动的石板发出轻微的呻吟。当时,望着镇上仅存的、原汁原味的石板老弄,笔者真是愿它能为古镇的历史作一个见证。

  2009年7月22日这一天,时值百年难遇的日全食上演。七进的叶家大宅院全部被拆除,深藏里面的旧银行弄也未能幸免于难。一条老旧弄,从此在松陵消失,只是新的银行弄为老地名多少留下了一丝印痕和故事。

健康弄

第一章

松陵古镇与江南其他小镇一样,河道遍布,巷弄纵横。镇上的街名弄名都被赋予了一定的含义,几乎每条巷、弄名都有一个小故事。

城区中心的健康弄位于市区中心,粗看并不起眼,南口从流虹路(原红旗路,最早叫新马路)区牙防所隔壁到北口斜桥边上,弯弯曲曲约两百米,给人一种曲径通幽的感觉。弄里面还曾有一座土墩,是一个旧桃园留下的。弄里的弯处曾建有崇真道院,后在咸丰年间因战火被毁,只在北面沿河处残存少量道院房屋,后作蒙养院。弄的西侧有雷尊殿。经过岁月的洗礼,宁静的小弄仿佛与世无争,继续着那无尽头的守候。

这条弯曲小弄,原本叫积善弄。听镇上老人讲,早先积善弄里有个俗称的"小人堂",是旧时抱养孩子的地方(吴方言把孩子称作"小人"),就是乾隆《吴江县志》记载的东二保重庆桥(现称斜桥)东南的育婴堂。松陵人费善庆于1927年出版的《垂虹杂咏》有《育婴堂》的诗:"孰无父母孰无儿,对此婴孩泪欲垂。保赤有心勤抚育,既忧身冻又虞饥。"(保赤,保育幼儿,这里指保赤局。早年震泽镇上也有保赤局,即收容弃婴的慈善机构。盛泽镇

【左】健康弄现貌
【右】弄内早年建筑

也建有育婴堂。——作者注）在这首诗的后面注解道："（育婴）堂在城内东二保，同治六年，知县沈锡华重建"，"月必验婴肥瘠，岁必添置衣褓"。积善成德、多做善事，包括修桥铺路等是我国传统的处世境界，历来为人们所推崇。所以，以前各地常有积善堂、积善桥、积善局等民间机构。育婴堂，是旧社会一种慈善性收养孤儿的社会组织。凡地方贫户，生育子女无力抚养者，可以投育婴堂，由堂收养，等孩子长大，仍可叫生身父母领回。如无家可归，则转送孤儿院或贫民习艺所，接受教育，学习技艺，以谋自立。育婴室对于救助当时的孤儿起到了非常积极的作用。

收养弃婴被视为积善之事，所以人们把育婴堂所在的弄堂叫作积善弄，积善弄的由来，即是如此。

到了民国辛亥革命前后一段时间，吴江一批先哲先后东渡日本，如钱慈严、唐荃荪、陈去病、郑辟疆等，探求新学。在这样的形势下，松陵的一批学校也相继创立起来，为松陵的教育事业奠基开拓，做出了功不可没的业绩。如吴江先儒黄亮叔先生于1912年春在北塘街（后称中山街）创立的私立

【左】积善弄旧照
【中】旧时育婴所（堂）
【右】杨纫兰在蒙养院与学生们一起唱歌谣

第一章

亮叔初等小学校；1913年，费揽澄、沈天民创办了吴江市立第一初高等小学校，就是现在的区实验小学前身；还有杨纫兰女士1911年7月在积善弄内创办的吴江县有史以来的第一家蒙养院（幼儿园），这在清末民初是开风气之先的。"蒙养"本意是"蒙以养正"，有针对穷孩子之意。所以"蒙养院"现在看着还好，其实当年成立时并不受社会欢迎，还因为育婴堂是救济弃婴的地方，一般人家都不愿意把小孩子送进来学习，富贵人家更怕宝贝儿跟穷孩子混在一起学坏，所以开办蒙养院存在着一定的风险。1913年，震泽也开办了蒙养院，创办了乙种女子师范讲习所。

杨纫兰（1880—1927），同里人，费孝通的母亲，是一位具有开拓精神的杰出女性。杨纫兰毕业于当时最新潮的上海务本女学，她不但受过良好的教育，也重视教育，可以说是中国第一批接受西方教育的女学生。杨纫兰思想比较开明，她和同学沈亚俊在原育婴堂北面沿河的房子里所创办的蒙养院，是一所对学生进行学前启蒙教育的学校。课程教育完全是新式的，除了教识字外，还教学生做游戏、学跳舞、学唱歌，有脚踏风琴伴奏，这在一百多年前的中国是件很新鲜的事情。杨纫兰开创了吴江县的幼儿教育，她既当院长又当保姆，更要率先垂范。在培养孩子上，杨纫兰和父亲杨敦颐（曾任吴江县县长）可谓一脉相承，让子女系统接受教育，教他们识字读文，她把最小的儿子费孝通也带进了院里。在她有生之年，费振东、费达生、费青和费霍四人都系统接受了从小学到大学的教育。杨纫兰无愧是吴江在那个时代的杰出女性。她靠着自己的远大见识和聪明才智使濒临衰弱的费家重新振作起来，所培养的五个子女长大后纷纷成为各自领域的杰出代表人物，她不仅为费家做出了重要贡献，也为社会做出了重要贡献。因而在1949年年初，柳亚子在北京出席新政协大会时，赋诗"松陵门第旧高华，三凤齐飞汝最遐"，称赞费振东、费青和费孝通三兄弟。这不仅是对费家三兄弟的赞赏，更是对其母亲杨纫兰最好的褒奖。

蒙养院开一个班，入园儿童二十多人，教师有杨纫兰、杨秋纨（杨纫兰之妹）、沈亚俊三人。那时杨纫兰经常梳日本妇女的朝天髻，这可能是由于她随丈夫费璞安东游日本而受到的影响。大女儿费达生也趁学校假期来蒙养院照顾学生。1913年，蒙养院并入了城西三多桥爱德女校，成为该校附设的幼儿园。延续至今，就是现在的区实验小学幼儿园的前身。弄内办院虽然只有两年，学生也不多，但从积善弄蒙养院走出来的学生光彩夺目，有费孝通的三个哥哥费振东、费青和费霍，还有李鉴澄教授、钱家鳌总工程师等人。李鉴澄（1905—2006），中国天文学家，中国古代天文史学家，是我国近代天文事业的奠基人之一，被称为我国天文事业的九位元老之一。他为创建我国第一座现代天文台——紫金山天文台做出了重要贡献，为我国天文学的普及工作做出了突出的贡献。他曾任《天文爱好者》杂志社首任主编，撰写、编写了《中国天文学史》《自然科学小丛书》《中国天文史料汇编》等天文学著作，是一位德高望重的科学家。钱家鳌是中国邮电部设计院总工程师，一生为邮电事业呕心沥血，丰功累累。退休后为吴江政协委员，并热心为吴江整修松陵公园、建立电视转播站、放宽儿童入学年龄、松陵供电所对引入线进行检查等提了许多合理化建议，尽到了政协委员的职责。

杨纫兰凭借在积善弄的创举，被后人誉为"中国幼师工作的创始人之一"。费孝通在《我的第二次学术生命》中说"我母亲是首创蒙养院即幼儿园的当时妇女界先进人物"。

新中国成立后,1951年12月19日,吴江县成立了血吸虫病防治站,办公在南新街13号,次年搬到六子街1号(原检察院的边弄)。到1956年年底,县血防站迁到积善弄9号,即蒙养院旧址。到了1958年6月,血防站内设的治疗组从垂虹桥东接待寺搬至新马路积善弄弄口新建的病房(此处后来相继入驻了新华书店等),也在积善弄5号租了民房,而育婴堂旧址房则改建成了血防站员工的宿舍。

到了1967年3月时,当初为了响应"文化大革命""破四旧,立四新"的号召,结合在这一段路上相继有了血防站、医务员工宿舍及邻近东面的县人民医院的实际,出于去除旧名的目的,也为着符合实际情况,将积善弄改名为健康弄,倒也名副其实,所在的街道也改称为人民街。只是到了"文革"结束后,其他街弄都恢复了原名,只有健康弄没有恢复,并一直沿用到今天。所以在1983年3月编印的《江苏省吴江县地名录》中,这样写道:健康弄——原血防站旧址,故名。1984年新建的吴江县妇幼保健所(后为牙防所)房屋也在健康弄弄口。

一条弯弯曲曲的小弄,一段令人回味的故事,这就是健康弄的今昔渊源。

紫石街

在20世纪80年代的松陵镇上,路街巷弄还是比较多的,达五十七条,且都有自己的一定特色。大的有中山街、县府街、北门街等,稍小一点的有公园路、新马路、北新路等,再小点的有健康弄、卜家弄、汤家弄、银行弄、铁局弄、中心巷等,这些网络状血管般的路径,构成了松陵镇城区的肌体,也为镇区注入了各种文化养料,丰富了松陵镇的历史积淀。

在这些路街巷弄的名称中,有一条街名一直在我心中存疑,这条街就叫紫石街。按常理,能称为街的,一般都较为宽阔,也有一定的人气或商业形态。东汉许慎的《说文解字》中说:"街,四通道也。"唐代慧琳《一切经音义》中也有"街,都邑中之大道也"的解说。到了现代,城市中的大道叫"街",小道叫"巷"或"弄",这个词义的基本内涵被现代汉语完全继承下来了。现代汉语中的"街头巷尾""大街小巷""街道""上街"等等,都不能换成"路"来替代。可见,相对于路、巷、弄而言,街的含义应该是大道。

既然是大道,那紫石街又为何是条弄似的小巷呢?

紫石街位于松陵镇的中心地段,是一条南北走向的小路,东紧靠松陵公

【上】由北向南的紫石街
【下】由南向北的紫石街

园；西挨原吴江印刷厂和农行宿舍墙体；北抵流虹路，与健康弄隔路相望；南与中心巷相连，斜对面就是铁局弄。街道全长约一百米，宽约三米，街道上现住户五六家。据1983年《江苏省吴江县地名录》记载：紫石街，因路面用石子铺设而得名。街虽小，但若追寻街的历史，倒是有些值得书写的地方。

松陵名门太常府沈氏家族，在明清两代中就出了诸多传世名人，有进士十一名，举人九名，尤以昆曲吴江派领袖沈璟和沈瓒、沈琦、沈玧、沈珣同辈兄弟五子联捷、同为进士而传为佳话。太常府是以沈汉在隆庆三年（1569），被朝廷赠封太常寺少卿，松陵人就称沈汉为沈太常。据《垂虹杂咏》记载：沈太常祠位于"祠在铁局巷北，祀明沈给事中汉"（作者注：授刑科给事中，相当于现元首生活或政治秘书）。乾隆《震泽县志》同样记录有"沈太常祠，祀明户科左给事中赠太常寺少卿沈汉，在铁局巷北建置"。由此而见，沈太常祠的方位大致在如今紫石街南端两侧。

沈汉的曾孙沈璟，在官场并不如意，于万历十七年（1589），称病辞职回乡。潜心研究戏曲声律，最终形成了中国戏曲史上的昆曲"吴江派"，被尊为"曲坛盟主"。而沈璟的弟弟沈瓒，字子勺，也是万历十四年（1586）丙戌科进士，在南京刑部、山西刑部、江西按察司等任上一尘不染。万历二十二年（1594）回吴江后，庶叔沈佐被诬入狱，沈瓒为之奔走十年，并抚养遗孤。后来他捐了四百多亩田和大量的房屋，在太常祠西侧设立了沈氏义庄，将庄田的收入扣除赋役、备荒、婚丧费用外，定期发给族中贫困户。这个义庄前后存在了七十多年。沈瓒的善举在乾隆《吴江县志》卷二十八中记载："瓒捐田三百亩立义庄岁赡之年。"《民国垂虹识小录》卷三载："天性过人设立义庄赡族庶叔祖。"由于沈瓒的字为"子勺"，后世人便把义庄边上的小路称作"子勺街"，日后又因谐音成为"紫石街"。

遥想当年施耐庵、兰陵笑笑生把《水浒》《金瓶梅》中的紫石街写入了书中，给本无名的紫石街披上了一层神秘多情的色彩，从此，借助紫气东来的紫石街就名扬天下，招来了许多羡慕的眼球。无独有偶，松陵的紫石街竟也与红尘近缘。嘉靖《吴江县志》卷一中有载："铁局巷相传元时，有铁作局，故名。一云巷西有惠民药局，故巷曰贴局，铁作贴，今扁从之未知孰是。西北为勾栏巷，旧有妓乐，故名，今废。"《乾隆吴江县志》卷六："自仙里桥北稍西折而北为铁局巷，西北为勾栏巷（旧有妓乐，故名，久废）。"民国《垂虹识小录》中也有载"游勾栏间，遇一妓"，"勾栏院大朝廷小红粉，情多青史轻，扁舟同过黄天荡"。从上述这些可以看出，在铁局弄的北面，也就是紫石街附近，曾经有过青楼之类的记载。

当然，如今还砌在紫石街西侧墙体中的一块砖也能说明此地曾经繁华过。这是一块砖的竖侧面，砖上有行书铭文"福禄寿"三字，字四周是简洁的长方形精美细线。

遗漏在古街上的"福禄寿"古砖

到了近代，紫石街虽居住人少，但走出的一位名人在中国革命史上留下了光辉一笔，他就是钱涤根将军。钱涤根的父亲钱达知，世居松陵镇紫石街（今松陵公园西邻原有一座平屋院落）。钱达知捐资获得知县名衔后，到光绪八年（1882）被分派到江西任知县，便举家迁居江西南昌，钱涤根生于南昌。而紫石街的老宅则典给镇上的费姓人家。时隔多年，钱家想要赎还老房，费氏提出要求偿还巨额的历年修缮费用。因无力承担，钱家只得租借县府后街上的张家旧屋作为居住地。在追随孙中山革命的道路上，钱涤根历任中校副官、上校副官、少将总指挥。在吴江的那段时间里，钱涤根经常外出联络革命同志，向好友、邻居宣传革命。1927年1月，因事泄为军阀所捕，当月16日被杀害于上海龙华镇，年仅四十岁。为纪念钱涤根烈士，上海把钱涤根殉难的地点命名为涤根路，也就有了一条以吴江人名字命名的道路，直至1964年该路名改为了徐汇区龙华西弄。在钱涤根殉难十周年之际，吴江政府方面在紫石街东侧吴江公园内修建了纪念碑，现为苏州市文物保护单位，是吴江市民清明时节追悼先烈的主要场所之一。

直到我在读松陵镇中心小学时，到斜对面的紫石街、磨坊弄拔草是我们劳动课的必修课。静谧的街弄，紧靠公园带来的绿叶气息，还时不时能溜进公园玩耍一番，这是我们最开心的事。紫石街的街面全由清一色的武康石铺就而成，每块石头约七八厘米长，大小均匀，像玉米粒似的一片片嵌在地面，相互码齐垒紧。也许时间长了或走的人多了，每块小紫石都被磨得锃光瓦亮，特别是雨后的紫石街，水渍留在光滑的弹石路面上，更是折射出一种神秘浪漫的氛围，给我留下幽深的印象。

在20世纪六七十年代，紫石街上住户不多，约两三家，集中在街的南端东侧。后来街南端的西侧建造了银行宿舍，但通常往西出行，不走紫石街的。1988年的下半年，吴江县政协联谊会在街的东侧面建了办公院落。此时街面上的那些紫铜色石子，早已不见了踪影，是翻新了路面而被压在了下面，还是被移作他用？似乎谁也给不出一个完整的答案。一条真正体现街名的紫色弹石路，就这样无声无息消失了。

为了求得更多的材料，我询问了年近七旬的老松陵刘先生，他说：紫石街比较荒凉，只有极少数人家，自己从居住地东门到北门上班时常要穿过紫石小弄的。问到如今居住紫石街的高女士，她说道：我九岁时搬来紫石街，当时只有两户人家，后来西面有了银行宿舍，才多了些人，在记忆里，紫石街是20世纪70年代中期改建的。而另一位老松陵杨先生则道出了一个传说：吴江筑城后，皇上派钦差大臣来竣工验收，吴江知县因贪污，把吴江城建得很小，为蒙骗上面，就把钦差大臣花天酒地地招待，喝得晕乎乎的，然后让钦差坐着轿子，满弄巷转悠，转到这条紫石街时，钦差要小便，便问这是何处，知县便答，此为紫石街。所以后来这小弄就叫成紫石街了。当我问及紫石街上的那些紫石子哪里去了，他们三人均答不上来。

  紫石街上的曾经往事，为这条宁静的小巷添上了无限的遐想，紧靠公园而充满优雅情调的街名，更易把人带入那神秘浪漫的氛围里。那里虽然人气不多、紫石也不在了，却是松陵镇上难得的一条清静弄巷。在镇上日益稀少的弄巷名录中，能保留这么一条风雅的名称弄巷，实是松陵的大幸。留住松陵的根，弄堂文化很重要，因它是乡愁记忆中的一枚标签。

  当我们放慢脚步去品味去发现，或许紫石街就是松陵的一种情调。

吴同路

第一章

在我们的生活里，公路不仅与社会、家庭、工作、生活密不可分，它更是承担着交往、运输、沟通等重要作用。随着社会的发展，公路建设也是突飞猛进，吴江从1980年第一条县建公路——吴同公路开通，到2002年苏嘉杭高速公路通车，只用了二十多年时间。如今公路网络遍布吴江每个角落，公路的级别也越修越高，为吴江的经济腾飞、人民生活水平提高提供了强有力的保障。因而，记录公路的发展，也是记录着这一年代的痕迹。

吴同路，即吴江至同里的公路。那是一条老的公路段，位于现吴同公路（也称云梨路）松陵段南的数百米、227省道的东侧处。最早的吴同公路就是从这儿出发的。当然，严格地说，更早在1936年4月吴江至同里就开始动工筑路，到1939年12月1日吴同公路正式通车，这是民国时期吴江县内第一条公路。可惜到了1945年6月，由于跨越运河的桥梁坍塌，通了六年的公路被迫中断。

在改革开放之前，吴江境内公路极少，一条十苏王线砂石路（后称205省道、227省道）贯穿南北，青平公路、平南公路连接东西。所以开通吴江

翟秀生副书记为吴同公路通车剪彩

至同里方向，也是当年县里高瞻远瞩的策略之一。吴同公路于1975年开始勘察施工，自十苏王公路吴江化工厂（现垂虹家园处）向东直至同里。在1977年和1978年上半年曾一度停工，在这期间，笔者正好下放庞山湖农场，参加过吴同公路庞山湖段的建设。当年庞山湖路段是一条东西向的长渠，两边是机耕道。我们知青与农场职工一样，用两侧农田里的土方（包括挖出的两个鱼塘的土），挑来填平长渠，经过多个月的肩挑背扛和汗水挥洒，一担担泥土倒入渠沟，从而使两边机耕道拓展为一条宽宽的公路大道。

后来这条吴同公路于1980年1月正式完工，当年2月12日竣工通车，共投资了43.3万元，全长6.34千米，公路面宽8米，道路初期为混合型碎石砂路。这条公路是吴江县政府1975年制订交通公路规划后建成的第一条县办公路，也是吴江县第一条客运线路和农村公共汽车线路。当年县委副书记翟秀生为通车剪彩，苏州地区经委副主任及地区交通局局长和县里科局以上干部都参加了通车典礼，在当年是属于一次盛大的活动了。20世纪80年代初期，吴江的农村公路得到了飞速发展，到了1984年9月，县政府宣布，吴江县三十个乡（镇）实现乡乡通公路。

由于时代的迅猛发展，公路建设也在同步更新，吴同公路经历了几次较大的变动，路幅拓了又拓，路面由砂石到水泥再到沥青，拐弯处拉直了许多。其中最大的变化就是松陵段（运河西）的改道，原先弯多路窄的吴同路及较窄的云梨桥不再适应形势需求，因而把吴同公路起始处北移至如今的位置，新建了一座跨运河大桥。该工程于1994年12月18日正式开工，技术上采用国内先进的主桥转体新工艺，在次年的9月15日一举转体成功，而且整桥工程也在年内全部竣工。没多久，旧的云梨桥也被拆除。原先车来车往的吴同路松陵段成了一段"死胡同"，渐渐地淡出了人们的视线。

如今站在老的吴同路上，眼望周边情形，物是人非。2011年的3月，笔者在老吴同路那里的一家肉铺店里遇到了一位年近八十的老伯，他叫石杨根，是地道的本土人。谈及对当年建造吴同公路，石老伯有着很多感想，他动情地说起了一些往事：最早这里属于湖滨公社东升五队与六队之间，他在六队任队长。从十苏王公路到运河边上这一片地，基本上是荒杂地、坟地、沟浜等，只能种些蔬菜、植物，农田极少。当年挑公路的任务是由湖滨公社分摊到各个大队，再由大队分摊到各个生产队，然后落实到个人头上，劳酬是按挑多少土方计算工分的。在20世纪70年代末期，机械化作业程度不是很高，全要靠人力来完成，其艰苦程度可想而知。但大家依靠集体的力量和对社会主义现代化前景的追求，连续奋战，克服一切困难，如期完成了上级领

【左】老树仍在保护着路基
【中】吴同路第一桥——东升桥
【右】旧云梨桥的引桥坡道依稀可见

导下达的任务。在这过程中，没有拆迁一户人家。公路筑成后，县机关来了不少人，在公路两侧种上了许许多多的杨柳树。通车的那一天，现场真是热闹极了，鞭炮声响彻云霄，大家都来争看通车盛典状况。我们生产队以前都要靠摆渡过河的，因有了云梨桥，到运东的农田里耕作，也方便了许多。当然，高高的云梨桥和陡长的引桥，吓退了不少骑自行车过桥的人。当时通车不久，外贸公司一辆车子途经这儿，与一名不识汽车为何物的小孩子相撞，孩子不幸死去，为那里出行的人上了一堂交通安全课。

自新吴同公路（现称云梨路）开通以后，老桥被拆，这段老公路就基本上废弃了，只能作为当地居民出行的一条便道。石老伯说，由于这里是城乡接合部，外地人来了不少，所以现在也热闹了许多。只是大部分人不知脚下踩的是当年风光一时的"县第一条公路"。

在这条老路上，现在两侧仅剩下约四十棵粗壮的杨柳树，斑驳的树皮，颇显沧桑，几棵给锯去树枝的粗壮树干，仍旧挺立在路边，似乎在死守着当年保护路基的承诺。笔者来到一座小桥边，这座被《吴江县志》里称作"东升桥"的，无疑是吴同公路第一桥。石老伯说：桥是八坼一位泥水匠来建造的，桥形至今没变动过。我惊讶着，反复再问，还是如此，我不得不佩服那位民间高人了。

路的东尽头，是一个砖、沙、石的装卸码头。运河涛声依旧，河里轮船穿梭不停，但旧桥的痕迹早已烟消云散，河对面也是同样的平坦。遥想当年在宽阔的大运河之上建造公路桥，是一种何等的豪迈壮举。细细观察那里，有一小段路面有点陡，我揣测这就是当年引桥坡道留下的唯一影子了。从省道到运河边，由于经常有装货载重汽车经过，道路表面损坏严重，影响了周边新村居民的出行。市政部门于2010年初开始对老吴同公路分两阶段进行全面改造，至次年的8月份完成了总长达七百米的改造工程。

身边的人来来往往，笔者望着那些一人也抱不下的粗大杨柳树、那一座小桥以及那条旧路，感慨万端。三十年是半个甲子，也许好多人已经忘了为什么此地叫吴同路。而我认为，它除了是一个普通的名称外，更是吴江公路发展史的一个历史见证，是打通吴江运东经济发展的第一座桥梁，它的内涵和作用几乎难以用文字所表达。

如今多座宽阔的桥梁把吴江的运西和运东连成一片，往运东往同里的交通转瞬即到。回望历史，每一个脚印里，都有一代人付出的辛劳。老吴同路，用那无言的结局，告诉了我们这里曾经发生过的一切。

第一章

第二章

松陵地标

地标建筑或地标实物，都是人们对方位辨认的坐标，也是对某一物体的独特特征的记忆。每个地方都有自己独特的地标，松陵也不例外。通过标杆性的房子、河流、城墙、公园、桥、车站、菜场等地标实体，我们都能找到自己熟悉的地方。

吴江城墙和老房子

说起城墙，古往今来，它是一个城池所特有的、最直接的象征，也是城市名称的一种来由。而今城墙在吴江松陵的地面上已荡然无存，这不免令我们惋惜和遗憾。尤其是四五十岁的人，也许都没见过吴江的城墙，也不知道吴江的城墙位置到底在哪里，就是走遍松陵，也再难找到城墙的踪迹。

吴江是909年建县的，县治在松陵镇。吴江最早出现城寨的时候是在911年间，当年水军将领司马福根据这儿的地理情况，在吴淞江源头的江南、江北各建一城，有南津、北津之称。南城在孔庙学宫及其附近地方，北城在今松陵镇所在地。司马福所建的城，其实就是在城四周以栅栏围住，设置一些门户，是一种军事性的营寨，并没有城墙。所以，在后来的志书上，没有被认定为真正意义上的城。

而吴江最早有城墙记载的是到了1356年，吴王张士诚攻占苏州、吴江之后，出自军事需要，开始在县治松陵镇上修筑城墙，从此吴江才有了真正意义上的城堡。张士诚所筑的吴江城，墙高二丈八尺（九米多），厚一丈五尺（五米），周五里二十七步。按东南西北四个方向建岸城门四座、水城门五座。五座水门分别是大东门水关（垂虹桥处）、东门水关（松陵公园东北角）、小东门水关（富家桥东）、北门水关和西门水关。南门无水关。以后，吴江的城墙在历朝历代中，几经战乱，几经坍塌，几经重修，经历了反反复复的历史变更。但是，尽管沧桑嬗变，吴江城墙的根基、位置、范围自张士诚以后基本没有发生变动和改变，雄伟的城墙一直延续到20世纪中叶。

吴江的城墙略呈长方形，南北略长，东西较短；北部宽些，南部窄点。以今天的位置看，北段城墙在原松陵镇镇政府大院南侧一带，东至227省道不到，西到油车桥东堍南侧，在现北门水关桥处设有北门岸城门与水城门各一座。西段城墙位于现西塘河（油车桥至庆丰桥）的东侧面约三四十米处，到联通公司这儿开始向东拐，在吴江工商银行东南角处设有西门岸城门与水城门各一座。南段城墙在今镇中心小学北侧停车场这一东西走向地带上，设有南门岸城门一座。东段城墙从湾塘里向北延伸，经航前街、供电局营业所、公园路、第一人民医院、伟业大厦至油车路东口南侧，在供电局营业所处设有大东门岸城门与水城门各一座，在松陵公园东北角设有东门水关门一座，在富家桥东面设有小东门水关门一座。我们今天如果沿旧城址的线路绕城一圈，不难发现，当年的吴江城也是颇具气势、有模有样的。

当年张士诚所建的吴江城池，因位于苏州的南大门、江浙通道之咽喉，扼守着吴淞江，所以也是一处太湖东面的军事重镇。

经历了多个朝代的更迭后，吴江城墙几经重修。有记载的如1482年，吴江知县陈尧弼重建东南西北四门城楼，并分别命名为"朝阳""望湖""望山"与"望恩"。又如在1513年时，吴江城墙已破败不堪，城的西北部分仅存一点点了，吴江知县萧韶便举工大修城墙，花了半年多时间把城墙修葺一新。修后的城墙，按其旧制，城墙四周不变，四座城门位置也没变，垛堞雄峻，壮丽无比。朝廷大学士王鏊为此撰写了一篇记。到了1554年，倭寇侵扰吴江。县令杨芷与寺丞吴涝等，增高增厚城墙以防倭寇，并在东、南、西、北四个岸城门外，各筑一个月城。谁知到了1561年太湖水泛滥，吴江城内城外汪洋一片，城墙几乎被冲崩一半。直到1624年，知县晏清才将吴江城墙重新修筑完好。1647年和1665年，知县李承尹、知县刘定国分别奉命全面整修城墙，还建了箭台三十六个，炮台四个。1726年，吴江县分吴江、震泽二县，两县同城而治。城墙的归属划分为：吴江县管西门水关过南门、大东门直至小东门水关。震泽县管小东门水关过北门至西门水关。1729年，吴江县令徐永祐，整修其所管城墙并重建大东门、南门二城楼。1871年，吴江、震泽两县知县俞明厚和王琬，按江苏布政使的要求，对城池城墙进行过一次整修，拆除了城内外靠城墙搭建的民屋等。进入20世纪后，1912年吴江县震泽县合并。1929年拆除了四座月城，所得砖石用于整修城墙的缺口。1931年修大东门城墙及东门水关城。1932年7月修西城门城墙。到1935年，县长徐幼川用招标的办法，雇用营造社修建北门并造城楼。城楼为钟楼式样，内有铁梯子可以登临远眺，名为监察哨，其余城楼均已不存。

当历史的年轮转到1949年吴江解放时，吴江的四周城墙已是残缺不全，水门内仅见木栅遗存，城楼也只有北城门一座，到了1958年北城门也被拆除。从这年起，由于城市建设等方面原因，对吴江城墙开始全面拆除。砖石运走，墙土扒平建为马路。

可以看出，自1356年到1958年，吴江城墙存在前后共计六百零二年。

【左】吴江城墙一角
【中】南门城门
【右】费孝通在吴江城墙前留影

20世纪六七十年代，剩下的西段和南段的部分城墙体也成了颓垣断壁。笔者在孩提时，经常在这些城墙上玩耍、放风筝，城墙上的黄泥土常常被镇上居民用作搪炉灶的原料。在"深挖洞，广积粮，不称霸"的"文革"时期，在城墙上（原城中农贸市场处）开展了群众性的挖防空洞运动，在南门的城墙上还架过高射机枪以作防空备战。再后来，为弥补生活开支，很多人又在城墙的脚下开沟挖掘木桩，晒干后当作燃火木材，一些城砖也挪作他用。在无视文物保护的年代里，吴江的城墙就这样一点点消失在我们的视野里。到了1990年，南门种子站处还仅存长二十多米城墙土基。现在这段比正常地面略高的土基还在，只是被水泥浇筑，掩盖了黄土城墙的本质。如果深入民居院中，还能见到一段当年建在城墙上围墙的遗迹，透现出城墙的轮廓。

如今，随着城镇改造建设，吴江城的面积日益扩大，旧城墙的城址也湮没在了时代的变迁之中，城墙址上有的建了房，有的辟成路巷，有的建了绿化园地。若要见到城墙遗迹真是难上加难了。但是笔者在一次走访中，无意中见到了一座熟悉的、湮没在普通民居中的旧房，使人惊讶不已。这是一座民国初期建筑，带有明显的洋味装饰和时代烙印，早期的水泥围栏依然可见，拾阶而上的台阶足以证明当年这座房的地基高度，它紧挨着当年的吴江城墙，与城墙仅有一墙之隔。到今天能见证吴江城墙的，也许只有这座老房子了。

这是一座与普通民房有着不同风格的民国建筑，房子南依城墙，坐南朝北，房基用石块垒起两三米之高，颇显雄浑、坚固，通过二弯折台阶才能登上去。房屋顶为四坡屋顶，蝴蝶瓦屋面，山墙屋尖处有着卷叶堆纹浮雕，似祥云。屋檐下面均为平顶式样，房屋四周有着露天走廊，像四面厅格局，走廊栏杆均用混凝土钢筋制作，显得洋气，地上也全是混凝土水泥铺地。民国之后，西洋风格建筑陆续出现在松陵镇上，如早年的吴江第一招待所、第二招待所里面都有一座小洋楼，庙前街上的原工商联旧址等都是一些洋房建筑。现在保存完好的还有油车东路庞山湖民国建筑小洋楼，人民医院宿舍里也有一幢，原政协联谊会里也有一幢。这些建筑代表了一个时期民国建筑在松陵留下的遗迹。为此，笔者于2008年9月走访了松陵老人顾海林先生，时年八十二岁的他退休前在松陵房管所工作,对镇上的一些老房颇有了解。

顾先生说道,这房最早是镇上一费姓大户家的,由于当年市镇较小,这里已属人迹稀少之处了,较为清静,房曾被当作佛堂。到了20世纪约40年代,这房里又住进了一户丁姓人家。直至50年代中期,人民政府接管了此房(当年称政府代管房),丁家上缴的房租金约三到四元。此房是建在一个土墩上的,坐南朝北,南面紧挨城墙,与塌落的城墙几乎平起平坐,所以常常被误认为是城墙上的房子,这房子最起码有一百多年的历史。房屋前面原是一大片桃园,据松陵房管所老书记冯先生说,新中国成立前此桃园叫作"四家园",桃园门前有门楼并镌刻有文字,由另外一位姓丁的人常年看护和种植。但时间一久,镇上人就把此桃园称作丁家桃园了,而有些不知底细的人常常把丁家桃园误认为就是丁住户的桃园。到了20世纪80年

【上】城墙边的老房子
【下】如今建在城墙上的围墙

油车桥南眺城墙旧址

代后期，老房里的丁家搬了出来，房屋的产权几经变更后，到90年代中期房子的一大半由一位姓但的新吴江人买下了，另一间仍属公房。

　　当笔者重新来到儿时曾玩耍过的老房子时，登高放眼，周边紧紧围绕着新楼房，老房也不觉高了，只有陈旧的屋顶屋檐、墙体、台阶、围栏、窗台依稀可辨当年独领风骚的影子，地上的花格子水门汀（现指水泥地）、长条石板仍然显露出百年前的尊容。也许，正由于周边的桃园空地容易发展，并迅速成为商品房首选之地，这一处的老房子才逃过了拆迁征用，无意中保留了下来。偶尔间，笔者还新发现了一块用作台板的大石板，在石板的侧面镌刻着三个字 "四家园"。哦！原来的桃园名称在这里得到了印证。新主人对房子的历史和城墙并不了解，只是抱怨环境不大理想。她对笔者说道，经过近几年的修整，现在略有好转。

　　仰望这座老房，我心里沉甸甸的，老房的生存是艰难的，与周边环境似有格格不入的感觉。但老房又为我们留下了不可或缺的城墙依据，是一份难得的吴江城墙遗产。在遗产风貌日益受到重视的今天，在吴江城的历史上，能为城墙作证的，也许只有这座老房了，让我们善待它、保护它吧。

松陵的河道

江南水乡，一个水字，把江南演绎得水灵灵、莹汪汪的，令人在漪澜里生出无数的遐想和感慨。吴江松陵就生长在这片充满水韵、充满故事的土地上。我们通过松陵老城区及城周边的一些水道变化和河流的走向，可以看出水对古松陵的影响。

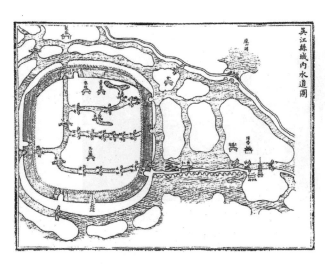

古代吴江县城内水道和周边水道

松陵地处太湖与吴淞江衔接处，古时是一片泽国。909年吴江建县，县治设松陵。从1356年起，吴王张士诚开始在县治松陵镇（原来的北城，南城已废）上修筑起城墙，吴江才有了真正意义上的城堡。

既为泽国，水必是松陵的脉系。县城除了城墙四周围绕着的护城河外，另外还有众多的河泊、水荡、池塘，如东河头、洗马池、共怡园池塘、谐赏园池塘等。城内一纵三横的河流滋润着松陵，养育着古城，许多支流、小浜、池塘无时不在衬映着松陵的泽国水乡形象。"一纵"即北门水关桥（至今仍在）至松陵饭店门前再到三角井至西门水关桥（现流虹桥处），这条河被称为北塘河。北塘河贯穿县城的北西两头，上枕北塘街（后称中山街，现称中山路），下倚下塘街（现也称中山路），是县城内一条主要的内河道。"三横"即金带河（前河）、玉带河（中河）、宝带河（后河）。金带河在现县府街的南面约三十米处，东从垂虹桥处原市信访局后面穿过原市委大门处至吴江建行南面，再到西面辉德湾弄，后北拐过城中菜场弄至太平洋保险公司西侧，接入北塘河。玉带河填平后修成了新马路，后叫红旗路，现属流虹路东路段，玉带河从三角井北塘河交汇处一直往东至松陵公园路、原防疫站处入东门水城门。宝带河目前仍存在，即城中广场北侧的小河，从思鲈石小仓桥处东至小东门水城门。

【左】20世纪70年代末西门通往三角井的河道被填没
【右】1986年时的北塘河与北门水关桥

护城河，顾名思义就是护卫城池的河流，也称城濠，它基本上是绕城墙而挖建的。吴江县城基本呈长方形，南北略长，东西较短；北部宽些，南部窄点。吴江的护城河就依照城墙分东西南北四段，东城段河道在20世纪50年代拆城墙时北段已被填塞，南段至与长桥河（垂虹桥处）相通。南城段河道西段至今没变，东段自履泰桥向东至湾塘里，后该段河道淤塞，改走履泰桥至泰安桥，现称新桥河（旧称烧香河）。西城段河道即如今的西塘河（旧称东濠，亦称七里塘，是吴江通往苏州的重要水道），由庆丰桥南至油车桥。北城段河道在今油车路东段北侧，从油车桥至227省道。在拆城墙时，北塘河到西塘河一段先填平，北塘河到227省道这段称通余浜，在20世纪80年代填平。

当然在"三横"河流上，还派生出不少的支流，如东河头、骆驼桥河段，还有很多的池塘，如洗马池水塘、共怡园池塘、谐赏园池塘等。据统计，在城内众多的河流上还有着约二十六座各式桥梁，如三多桥、大仓桥、獬豸桥、乐渡桥、六子桥等。直至1949年新中国成立后，松陵全镇仍是河道遍布，共有十五条河之多，纵横交错，覆盖着古老的县城及城郊地区。

到了1956年，基于建设上的需要，松陵镇开始逐年填没了金带河、玉带河、弯轿浜、里河、北门吊桥下河段等河道，改建成路。东河头改建为小天鹅弄，共怡园等池塘或被填没或被缩小。笔者儿时居住在太平洋保险公司这里，门前就是北塘河西段，捉鱼摸虾滑冰游泳全在这条小河里玩过。我家的斜对面有一石板梁式平桥，名为三多桥，该桥下有着闻名全县的爱德女校，后改名三多小学（老教育局旧址），我的小学年代就在那里度过。1958年，玉带河被填没，建成了新马路。至于金带河，在现太平洋保险公司的西侧，就在菜场弄的东面，往南再向东拐，经过辉德湾，直通垂虹桥处。早年笔者见到的是一长段干涸的河床，后街那边也是的。在菜场那儿，曾有过一座桥，名叫永定桥（也叫观音桥），桥东塊有一座观音庙（西寺），庙里面曾住着一孤独老人张平，据说他曾当过日军的翻译，是一个外地人，后来张平就客死在该庙里。观音桥的桥面不知何年已不存在，只留下了巨大的两座青石桥墩陷没在乱草丛中。到了20世纪60年代初的一个冬季，西门水关桥（现工商银行东南角处）被拆除，但松陵的河道依旧保留着一纵一横的格局。众多

【左】1958年填没玉带河，现为流虹东路
【中】1980年填没北塘河西南段，现为流虹路
【右】1987年通余浜填平，现为油车东路

的小船依然载货载物、捕鱼捉虾地穿梭在镇区的河道上。这情形一直维持到了80年代。

在寂静了二十多年后，松陵城区的河道格局又有了新的变化。1980年，三角井向西至西门水关桥河段开始填没整平，拆除了三多桥，筑建了新的流虹路和新的流虹桥，使得城区向西发展有了便捷宽广的通道。1981年，三角井往北至仓桥思鲈石处开始动迁房屋并填平河道，拆除了大仓桥，在这一段河道上修建了街心公园，北塘河从此只剩下了现存的北段河道。到了1987年，通余浜被填没，整平后改名为通余路，现为油车东路。至此，松陵河道再也没有变动过，一直维持到了今天。

回望松陵河道的变化，感慨万千，消失的河流一去不可返了。填河造路是时代在某个特定时期的城镇规划建设，有着一定的客观因素。可古镇水乡的韵味、环境生态的保护及旅游资源的利用，也是离不开河道水流的衬托。时代不同了，对水的要求也不同了。

如今，仅存的西塘河和北塘河都被梳妆得分外妖娆，清澈的水流荡漾着古城的美丽，同时也在向人们诉说着滴滴往事。水，成就着松陵；水，改变着松陵。

三角井

说起三角井,老吴江人几乎无人不知,无人不晓。它有如此知名度,不仅因为是一处文物遗址,更在于它自诞生以来所担负的历史使命,它至今成了吴江城中一个百年不可移动的地理坐标。它的定位为我们指明了吴江城旧时的一些街巷脉络,也感觉到了古城文化的一些传承基因。

三角井大名叫怀德井,位于城中南北走向中山街与东西走向的流虹路(旧称新马路、红旗路)交会处的人行道上。井是一处遗物,以整块大青石

摄于2010年的三角井

凿成三眼井栏圈，三眼呈三角鼎立形状，这样可以方便多位居民同时取水，故镇上人俗称此井为"三角井"。若追踪历史，此井的来历也是非同小可，值得一书。

吴江名门望族吴氏久居松陵，家族中以孝闻名于世，以文立身于朝。从明代全孝翁吴璋到清代吴兆骞，更是英才辈出，为乡里所赞许。吴璋那千里寻母割股和药之事广为传诵，松陵西门外的孝母坟更是将吴家的孝道彰显得淋漓尽致，令人敬佩。到了吴璋的孙子吴山这一辈，吴江城常受太湖水泛滥侵扰，大灾中河水不能饮用，居民只得去远处汲水，所以，身为南京刑部尚书的吴山在住宅的西南，尚书巷与北塘街交界处利民桥堍，出资雇工匠凿了一口大井，时为1532年。新凿的深井，井水清澈，取水的乡里居民络绎不绝，吴山的善举深受周边民众拥戴，吴江知县张明道为褒赞吴山的德行，特写了一篇记，并将井取名为"怀德井"，赋予饮水思源、德流于后之意。到了1580年，吴山的孙子吴承恩对井进行修浚，还在井的周边建了亭子，供路人休息。后来，刑部主事马贯记下了这件事。但随着时间的推移，井边的亭子倒塌了，不复存在。乾隆《吴江县志》记录了这件事。据说，到了新中国成立初期，仍有不少居民前往此井取水。

虽说是一口井，但三角井在城中的地位和知名度，仅次于仓桥，它是一个区域的符号和地标性的界点。回望吴江城历史，在1726年吴江、震泽两县县治同设一城时，三角井又是两县界线中的一个标志性界点。两县同城而治，这也是中国历史上特有的一个现象。

由于地理位置独特，交通方便，三角井一直是城中的一个热点地方。到20世纪六七十年代末，三角井周围的地理建筑方位基本没有什么变化，往北是北塘街，后称中山街，距闹市中心只有百米；往东是新马路（旧时是玉带河，后称红旗路，现称流虹路）；往西过三多桥有西门水、陆城门，也是通向太湖的要道；向南则通往县府街。因而把这一区域说成是城内的次中心，也毫不为过。

这片区域内地段最好、最有名的店铺便是三角井老虎灶，真正店名叫长龙茶馆，老板姓于。店坐于中山街下滩，正面直对新马路，东北角路对面就是那口三角井，店后则是一座河埠码头。这码头既便于居民淘汰洗涮，更便于老虎灶的取水及砻糠运输。该老虎灶可谓四面生风，八面玲珑，老虎灶带有几桌茶台，虽不及仓桥鹤阳楼茶客多，但这儿地处交通要口，人员来往频繁，西门太湖农民进城要路过此店，县府街公职人员上街购物要路过此店，歇脚吃茶，稍作停顿打理再进城中。周边居民、店家泡开水也要去这里，因此交通的便利，为该店挣得了不少生意，店的坐标名声也显现出来了。所以说，三角井老虎灶名称可谓是井不离灶，灶不离井，成了人们辨认方位的一对齿唇相依的地名。

从老虎灶往北，隔一小弄的是一家煤球商店，这也是城中唯一的一家煤球店，出售的小球状煤球和蜂状煤球，是城内居民生活燃料的主要来源。在节约的年代，居民家中若有用剩的煤屑，还可以按分量退回店里。该店作为一个代售商，煤球生产厂则在三里桥处，所以有的居民为了挑好一点的煤球，不惜借车到三里桥厂里去购买。故而有一说，从三角井到三里桥，正好是三里路，只是我没考证过。若再往北，还有农机门市部，几十步下来就是城中闹市的商业中心，两侧街道上鳞次栉比的商铺店家一家接一家，吴江城的繁华便入眼帘。

三角井往西，那里有三多桥、三多小学、县公安局、铁业社，当然，

【左】20世纪80年代初期，三角井区域拆迁公告
【右】20世纪90年代时的三角井周边状况

作为居民最喜爱的还是那里香喷喷的爆冬米小铺和闻着臭吃着香的油氽臭豆腐。每到新年来临，作为城内唯一的爆冬米铺，小孩子们吃过年夜饭后便云集于此，排队等候爆上一袋冬米花，考究一点的会带上一小包糖精。若谁家爆上的是黄豆或年糕，必会引来一阵骚动，关系好的会尝上几颗，令众孩子刮目相看。我家就在三多桥堍，除夕排队轮到过几回，那种温馨和睦的场景、开膛爆炉的惧怕至今还在眼前回放。至于那氽臭豆腐的小业主是南京人，姓王。面善可亲，与爆冬米小铺是同住一个大门堂里的，他常设摊到城中冷饮商店门前。豆制品为计划食品，王业主每天只能取到两百五十块豆腐干，经加工后，每天赚有约八角钱。一天氽完几格臭豆腐就回家歇业，似乎很懂经营之道，与世无争。他们虽是一臭一香，做着不同的行业，但他们都得到乡邻的认可和赞赏。放到今天说，他们也许是松陵镇上最早的一批个体户了。

　　三角井往南走，穿过府西街就是县府街了。府西街上有吴江第一招待所，里有一棵约一千年的古银杏树，早期这儿曾是著名北寺，后为县公安局、县立图书馆。日军侵占吴江时，日军宪兵司令部曾驻扎这里。新中国成立后，作为县政府第一招待所，里面的规格档次算高的，银杏树西侧有座二层洋楼，全木结构，装潢考究，据说"文革"中时任南京军区司令员的传奇将军许世友来吴江，就下榻于此。对城里百姓而言，三角井南面的一家自行车车行，是最吸引人的地方。车行位于现邮局营业处地方，由沈、杨二人合伙经营，主营自行车、板车的修理业务。善于经营的车行，把旧零件组装成自行车用于出租。在那个年代，自行车属稀有物品，除了少数单位外，一般居民家是没有的。所以，出租自行车自然是一门好生意。车行里备有高、矮两种自行车，以适应不同之需求，出租是按时间计费的，八分钱为半小时，一角六分为一小时，当然押金是少不了的，但一般居民都把户口本作为抵押之物，后再按骑多少时间计费。最常见的是两人合租，既经济实惠，又可煞煞骑车之瘾，两人轮流骑着可以绕着吴江城风风光光转两圈，一路车铃声下来，着实显摆不少。小小车行，为居民们学车提供了不少便利条件，至今仍为老松陵人所津津乐道。

三角井东面的道路，原是城中的玉带河（亦称中河），在1958年被填平成路，取名新马路，后称红旗路，现称为流虹路。三角井向东有殷家墙院、城中唯一的量米店（后搬到东面十几米处）、调配组和建筑社。这家量米店独领风骚好多年，当年由于经济短缺，食物计划供应，大米更是紧缺商品，关系到每家每户的口粮成了居民日夜关注的焦点，如一有议价粮出售，居民们便会趋之若鹜，争相排队购买。米店除主营大米外，还兼营杂粮，如山芋干、面粉、面制品等。搭售也是一大特色，买几斤米搭多少斤粗粮，后来换成搭籼米，七斤粳米搭三斤籼米。在食品短缺的年代，居民们无奈地默认了这种做法。调配组与建筑社是隔路相对，调配组类似搬运工会，是由政府组织的城镇闲散人员帮单位或家庭临时干一些搬运装卸等杂活，他们的"武器"不算精良，只有板车、箩筐和杠棒，完全是凭力气挣钱，社会地位和工薪收入比较偏低。相比较对门的建筑社稍微好一点，其工种多少有些技术含量。建筑社就是现吴江建工集团的前身，当年主要从事房屋建造，大到单位公房，小到居民住宅，基本上全是由建筑社承建的。社里有泥水匠和木匠之分，造房中要相互协作搭配，才能造好房子，泥水匠负责砌墙、砌砖及铺设房顶瓦片等，木匠负责做橼子、廊柱、梁架、门窗框等。那时造房子都是手工活，砌墙很讲究，墙要直（有铅垂挂着，保证垂直于地面），每层砖要在同一水平面上，转角要九十度，所以，师傅的手艺好坏一看就知。建筑社进门右拐，有一大纸筋坑，在用于造房之外，也对居民出售，以方便居民对自家墙体的修修补补。建筑社门前有两棵大槐树，枝繁叶茂，一片荫凉，是休憩纳凉的好地方，此处人员集中，鱼龙混杂，经常是人声鼎沸。再往东就是松陵广场了（后改为红旗电影院，红旗路路名也缘于此）。

在三角井与建筑社之间，是一块热闹的地方。扎彩牌楼是松陵一大娱乐特色，大凡到了重大节庆佳日，镇上总会在这儿横跨马路扎起牌楼，张灯结彩，彩旗飘飘，镇上的人们会在这儿聚会庆祝、游行，举行各类文艺表演，民间艺人王老虎不时还会跳几下荡湖船和秧歌，惹得居民开怀大笑。

转眼到了20世纪80年代初，三角井处发生了翻天覆地的变化，如把仓桥埭比喻为松陵商业中心，那三角井则是松陵的交通中心。经过一系列的规划改造，先是把从西门到仓桥的这段北塘河填没，拓宽了道路，三角井真正为东西南北四路相交的交通中心。原建筑社、车行这块地建了邮电大楼；三角井、量米店、调配组这儿建了农信社大楼；长龙泡水店的南北二面全部拆除，往北去的地方成了街心花园；往西、往南去的方向拓展为大路；长龙店的后侧相继建了土产大楼、鸿运楼和中山商厦。数年之间，古老的三角井周边，发生了翻天覆地的变化，高楼林立，商家布满，俨然成为整个吴江城最具现代化气息的标志性地段。

  2000年8月，吴江市政府对三角井进行了疏浚整修，并在井旁砌置围栏、石碑等。到2005年1月，三角井被吴江市政府立为市级文物保护单位，重砌栏杆，置碑纪念。以方便游人至此，读着碑文，扶栏望清泉，引发一些思古之情。

  回望三角井的形成开挖以及数百年的吴江老城，它不仅是一个重要的地标符号，更是带给了我们一种造福乡里的孝道精神，而这种精神也正是我们中华民族传承中的一部分。民国松陵老人费善庆先生在《垂虹杂咏》中的一首诗，也许能表达对这口井的纪念："三角栏存水不波，当年怀德意云何。后贤若步柳塘武，浚井还将旧德歌。"

松陵桃园

中国是桃子的故乡，有三千多年的栽培历史。如今世界各地栽培的桃子大都源于中国。桃在亚洲文化中占很重要的地位，中国古代传说经常提到桃是一种可以延年益寿的水果。有《西游记》中孙悟空看管桃园的传说，还有"断袖分桃"的典故，其中"桃园三结义"是最具经典、最具影响力的历史故事。另外桃木在中国文化中有避邪的意义。

吴江种桃历史悠久，清末松陵即开始引种桃子，不久便以吴江水蜜桃闻名上海、苏州等地。作为进贡的珍品，吴江桃子赢得了极好的声誉。1917年范烟桥先生的《吴江县乡土志》中载："城西二里许，有梅里，产水蜜桃，味甘美。"1927年松陵人费善庆所著《垂虹杂咏》中也记载："西门外石里多栽桃树种，称水蜜，味甘色妍，夏秋间乡人亦一利薮，四方贾客咸购之，不亚上海之露香园。"露香园为上海著名园林，建于嘉靖三十八年（1559），其出产物品引领时尚。可见松陵桃子的品质之佳。

到了20世纪50年代，吴江（松陵）桃园进入了全盛时期，桃园面积发展到一百四十五亩，桃树品种多达二十多个。吴江产的水蜜桃、蟠桃的美誉度

【左】《垂虹杂咏》记载的吴江桃子情况
【右】吴江画家柳德庆先生于1963年4月,在西门城墙上画城内盛开的桃花

在周边地区名声大振,完全不逊于当今有"苏州第一桃"之称的张家港凤凰桃、无锡阳山水蜜桃和常州洛阳水蜜桃。2007年8月,笔者来到永康路边上一条窄弄里的王阿婆家,就20世纪五六十年代时松陵镇上的桃园状况向她作了了解。

八十二岁高龄的王雪华阿婆,家里是桃园世家,也曾是我家隔壁邻居,她面慈心热,说起当年镇上的桃园盛况,老人掩不住心中对桃园的那份眷恋。她说,那个时候,镇上稍有规模的桃园多得不得了,再加上一些房前屋后零零碎碎栽种的桃树,使得整个小镇沉浸在桃花世界中,故松陵有"田园都市"之称。每到3月份,株株桃树、片片桃花似云蒸霞蔚一样,红绿相间,将太湖之滨的松陵古镇装扮成桃花源,形成了颇为壮美的桃花景观。到了七八月间,朵朵桃花变成了只只肥硕粉嫩的大桃子,压得桃枝弯下腰,那芬香扑鼻的桃子清香,更惹得人见人爱。王阿婆比画着说,大桃子有碗口那么大,有四五两重,其鲜美味道真是好得不知怎么描述了。

松陵的桃园有个特点,就在于它的名称叫法。王阿婆说,那个时候,对桃园的称呼只是按其主人家的姓氏直接称呼的,如"王家桃园"或"李家桃园"等,有时也按桃子的品牌来称呼,如"易春""南林""三星"等。

当年镇上遍布桃园,在王阿婆的记忆中就有近二十家之多,在西门一带有丁家桃园、徐家桃园、翁家桃园,在东门城门口有林家桃园,在老车站到桃园新村一带有沈家桃园(南林桃园)、卢家桃园、石家桃园、顾家桃园、章家桃园、何家桃园、胡家桃园、王家桃园等,健康弄内有王家桃园,下塘街有虞家桃园、徐家桃园、周家桃园、薛家桃园等,在老红光布厂后面,运河边有高家桃园,在油车路东端有杨家桃园,当然还有吴江中学桃园。松陵私家桃园一般不大,大部分都在四五亩,甚至更小。其中最大的要数杨家桃园(易春桃园),占地约二十亩。丁家桃园稍微小些,位于城中农贸市场到庆丰桥、再东转到辉德湾一带,这里原有一条小河(流经县府后街直抵垂虹桥),河的西南面都是丁家桃园,也叫"四家园"。与河相隔东北面便是徐家桃园了,约有十亩地。紧挨着的便是翁家桃园(翁善庆,太平洋保险公司的后面)。还有"三星"顾家桃园(三个股东合伙经营),在永康路农机宾馆一带。这些大户都是吴江桃园的佼佼者。由于笔者的家与翁家相邻,所以翁家桃园给我留下了许多美好的记忆。那长满青苔和无花果的围墙,靠北靠南略有小土丘,尤其是那桃树身上长满黏糊糊胶水状的物质,捏来甚为好玩,那桃树林更是小孩捉迷藏的好地方。

1958年,松陵桃园也经历了从私有到集

【上】吴江水蜜桃
【下】吴江蟠桃

"四家园"石刻铭文

体的机制转换，镇上利用城内各家桃园和空余土地组建了城心蔬菜大队，主要从事蔬菜种植，供应城镇居民。各家桃园也以入股的方式加入其中，完成了社会主义公私合营改造。城心大队根据桃园的地域分布，分四个生产队管理，上塘以杨家桃园、何家桃园、章家桃园、胡家桃园、高家桃园、三星桃园为第一生产队，以沈家桃园、谐赏园、卢家桃园、朱家桃园、瞿家桃园、王家桃园、林家桃园为第二生产队，下塘以徐家桃园、翁家桃园、薛家桃园为第三生产队，以丁家桃园、周家桃园为第四生产队，大队部设在谐赏园内的四面厅。此时，松陵镇上依然是桃花芬香，硕果累累，分外多娇。

松陵桃子形美、味鲜、汁多，历来是顾客青睐的水果之一。对于众多的桃子，除了送亲朋好友尝鲜外，一般都是出售。王阿婆说道，桃子是分等级的，有一等品二等品三等品之分。什么货就什么价，那些较好的、上品的都要放入桃蒸的（一种专放桃子的竹器），还要轻拿轻放，以防在桃上留下手印。由于新中国成立前吴江的水蜜桃、蟠桃在上海、苏州就早有名声，所以我们的桃子在那里就特别好销，几乎每天都有大船来装运出去。桃子的上市时间略有差异，早一点的有"白凤"早桃，上市早，卖得出价。还有"五月桃""黄金蟠桃""白花桃""玉露桃"，最好吃的还要数"晚玉露"桃子。

桃树分食用桃与观赏性桃，松陵的桃树大部分属食用桃，尤以水蜜桃和蟠桃为上佳。这两种桃子在品质、卖相、口味上都不错。只是早期吴江（松陵）以水蜜桃闻名于世，后期以蟠桃再续辉煌。吴江蟠桃品种与外地蟠桃有所不同，桃的表皮上有红圈子和红梅花点，它个儿大，单个直径有三四寸，最重有七八两，外貌比平常蟠桃略厚，熟时通体透亮，桃核隐约可见，食用时只须用指甲在表皮轻轻一刮，表皮即可一撕而去。熟透的桃儿，皮薄肉厚，甘汁丰满，鲜甜胜蜜。据王阿婆介绍，吴江的桃树大都是果农们自己悉心嫁接的，在后期要给蟠桃包上桃袋，这也是吴江蟠桃品质较好的因素之一。

种植桃子也是一门技术活儿，包括施肥、修枝、包桃袋等，只有样样做到位了，才能保证来年的桃子丰收。每到初冬，果农就要去收集采购报纸，作为桃袋的原材料，届时，裁剪、调浆，全家出动赶制桃袋。由于桃园的经营规模不等，桃袋少则五六万只，多则需准备十来万只，甚至几十万只。冬季里，果农还有两道农活必须要做，第一是施肥，在每棵成年的桃树周边埋上大粪和河泥，保持肥力，促成长势。第二是修枝，使树枝间腾出合理空间，增加产量。到仲春时节，每家果园里是最忙碌的时候。果农给树上的每一个桃子都要套（包）上一只桃袋，用稻柴扎牢。包得最快的年轻人，一天能包一千五百只桃袋。这包桃袋，绝对是项技术活，既要轻手轻脚，避免碰掉果实，又要用力将袋口扎紧，任风吹雨打都不能脱落，套上的时候还要将桃袋鼓开，让果子在袋子里有一个生长的空间。这种给桃子套袋的作业方法一来是避免阳光直射，可保持蟠桃成熟时鲜嫩有光泽；二来是防止虫蛀及鸟儿叼啄，提高桃子产果率；三来是保证桃的质地多汁、甘甜。

在夏季桃子销售过程中，桃蒸也是每户果农必备的器具之一，园主按自家桃园需要制作一定数量的桃蒸，各家的桃蒸都会在桃蒸边缘写上园名或者姓氏，以防销售中搞错。一只桃蒸直径约六十厘米，从外到里可装四圈，其中装一圈的是特级桃，装两圈的为一级桃，依此类推。如销往外地，则会雇佣快班航船，装上三四十件，每件装有六大笼，一般都是一级桃或二级桃。然后马不停蹄直驰苏沪等店家。因而，吴江桃子在苏沪也是小有名气，名不虚传的。

在松陵众多桃园中，杨家桃园是一家知名度较高的桃园，也叫易春桃园，位于现伟业大厦周边地段一带。该园始建于清朝中晚期，经历了多次社会变革，但桃园仍是昌盛不衰。到民国时期，园主杨振林继承家传桃园产业，继续潜心把桃园发扬光大。在他的悉心管理和经营下，桃园从原来的十来亩地扩展到二十余亩，为本地及苏沪市场提供了许多优质的桃子，尤以蟠桃最为驰名。杨振林抛弃一些陈旧做法，采用科学种植、科学培育、科学管理方式，将桃园经营得有声有色，并开创出了"易春"品牌。他还送长子去苏州农校学习果树栽培技术，将学得的知识带回家。首创用套袋保护桃子生长的方法，使得该桃园的蟠桃和水蜜桃的品质上乘，年产桃子七八百担，产量居松陵桃园之首。杨振林不断改良桃子品种，在桃树嫁接上自创一套，他与镇上其他园主交流种桃技艺，传授种植经验，以至其他桃园都来易春桃园采枝嫁接，他们一起创造了吴江桃子的辉煌。有报道称，如今名闻中外的无锡阳山水蜜桃，最早也是曾引进过吴江易春桃园精心培育的优良桃子品种，才使得阳山桃名满天下。杨家桃园不愧为吴江地区一只响当当的种桃世家品牌。

时至20世纪70年代始，松陵镇开始对城镇进行规模建设，众多的桃园良地逐渐被征用，化作了城镇建设新用房。由于空地的稀缺，到了80年代初，除了吴江中学这块 世外桃"园"之外，镇周边的桃园几乎全部清除殆尽，再也见不到昨日的桃花了。当历史的指针走到90年代初期，盛极几代的吴江桃园中的最后一个桃园——吴江中学桃园，也走完了它光辉的历程，此地先后被挪作校办农场、涂料厂等校办厂用地。从此，松陵与桃园再也无缘，再也没有可口的鲜桃了。

如今，每当时令水果上市时，老松陵人难免会想起以前松陵桃园和桃子的往事，总会唏嘘一番曾经名扬四海的"吴江水蜜桃"与风靡苏沪的"吴江蟠桃"，那种桃花映红半个江城的景象再也难以重现。

"去年今日此门中，人面桃花相映红。人面不知何处去，桃花依旧笑春风。"尽管桃花不在了，但辉煌的桃园毕竟为松陵留下了很多值得怀念的东西，桃园弄、桃园新村这些个性化的地名元素里仍旧透露出当年的一丝信息。吴江的桃园文化已经成为过去，但是它留给我们的是美好的回忆。

桃园弄、桃园新村路牌

松陵红房子

松陵从汉高祖刘邦元年建镇以来，在这块搬不走、移不动的土地上，历经了沧桑巨变，无论人或事，还是可移动物或不可移动物，都为我们今天留下了不菲的财富。明清建筑、文史巨篇、近代人物、掌故传说等物质文化和非物质文化都为这座古镇增添了历史的厚重感，每个年代的痕迹为松陵的延续发展垒起了块块印记。

松陵镇在20世纪50年代中，曾出现了一批用红砖砌成的房子，镇上人就俗称它们为"红房子"。那个年代一些公共建筑都采用仿苏式建筑风格，红房子为当年青灰一色的城镇房子加入了一抹亮丽的色彩。当时光流转到21世纪的今天，随着城市化的扩展和旧城改造的进行，那些反映时代特征的红房子也在逐年减少，或自然损坏或被拆除。而今镇上屈指可数的红房子已不多见了。

松陵镇上最有名的红房子可能要数原吴江印刷厂的两层办公楼，现位于流虹路东段，松陵公园西侧，这是镇上最高的红房子建筑。该红楼始建于1953年下半年，当初是作吴江中学高中部教室用房，十楼十底的仿苏式建筑

【上】吴江印刷厂红楼
【中】庆丰桥东红房子
【下】南门种子站红房

风格，清水红砖和白水泥相夹，红洋瓦在阳光的照耀下显得格外明亮。而今在教室内墙上还存有当年的黑板，门、窗、扶梯、走廊等设施仍折射着教学上所特有的痕迹。据一位1953届吴江中学校友说，当年为建校舍，他们这些学生都做义务工的，利用课余时间进行搬砖，当时没有车子，全凭手搬，力气小点的搬两到三块，力气大一点的搬四到五块。从长桥头（垂虹桥）搬到建校工地上，后来用船驳运到小东门处，搬运线路就近多了。这些建校红砖都是从芦墟建新窑厂（时为华东公安系统国家劳改企业）烧制的，出窑的砖不浇水，故呈红色。房顶的红瓦是由常熟市大生砖瓦厂生产的机制红瓦。红楼用的水泥，则是南京江南水泥厂产的"江南牌"水泥。

到了"文革"时期，整个高中部迁出，红楼一度成了县军管会办公处和征兵站。1969年，吴江印刷厂从原下塘街迁至该高中部校址，利用原教学房和新建了一些厂房进行生产，红楼则成了印刷厂的办公用房。

要说松陵红房子与工薪阶层联系得最紧密的，就要数位于老镇区西南角庆丰二弄那里的一座红房子了。那一字排开的红房子共有十间，建于20世纪50年代中期，当年入住的是镇上的十户装卸社（搬运工会）工人家属，它是仅存红房子中唯一用于住宅的房屋。该红房子是尖顶平房，建造的模样也是仿苏式，房顶是黑瓦片，墙体是红砖白水泥，房屋的墙体中间有一圈外凸水泥腰箍，十间房子的门口有一条贯通的走廊，每户的面积约二十四平方米，屋里地面铺的全是红砖。当年这红房子比较偏离镇中心，房的西侧是桑树地和城墙，北面是镇上的苗木树林，南面是一排青砖民房，东面则是四排同样格局的白墙黑瓦民房。

据1960年搬入红房子、至今仍住这里的王流虹师傅讲，这红房子的建造，都是装卸社工人利用每顿饭前收工的闲时，义务地一车石子、一车沙子、一车砖瓦搬运而来的，这些砖都是芦墟砖。当年的房租是每月两元。到了90年代初，城镇房屋改革，这红房子也都转给了个人，原先的走廊也被十户人家各自隔开。如今，红房子的主人绝大部分已搬走了，只剩下两户老住户。有的房子都租给了人家，并在走廊外都搭出了小披间。由于西侧是农贸市场，这里更是寸土寸金。

第三座要说的是南门履泰桥西北堍吴江种子站里的红房子了，那里有两座高大的仓库用房，建在背靠旧城墙的墙脚边，目前吴江旧城墙的遗址在这里仍依稀可见，红房子仓库的前面是一大片水泥场地。西侧一座的红砖红洋瓦红房子建于20世纪50年代中期，四个大门全部朝南。东侧这座红房子则是红砖黑洋瓦，由于是20世纪60年代增建的，所以这座房的红砖质量明显没有西面的那座好。该房是吴江种子公司用于存放粮作物的专用仓库，为保持干燥，所以房子的地基比较高，通风的窗户离地面也高了许多，高大的屋脊、宽敞的库存面积和良好的通风是保证所存物种不易发潮发霉的必备条件。每到季节替换或新品出样，种子站里便是人声鼎沸，工人们会把库里的种子拉出来或晒太阳、或是去陈换新，进库出库好不热闹。直到今天，红房子仓库还在承担着吴江农作物优良品种的存放和集散功能。

第四座红房子位于原吴江中学内，在孔庙的西南面。这是一座典型的苏式红瓦平房，整座房体为四坡屋顶，朝南的门庭是尖顶并向外突出，门前有一段走廊，方形的廊柱边上是石砌的围栏，所以房子是呈凸形的，面积约有一百二十平方米。吴江中学校址的前身是吴江乡村师范学院。据镇上一位长者庞老师讲，他1956年调到乡师工作时，此红房子刚刚造好。由于当初想建

【上】吴江中学红房子
【下】西门电灌站红房

造二层楼的,后因果没建成,所以这红房子的地基是相当不错的。到1962年5月20日,吴江师范停办,吴江中学遂迁入了此校。70年代初期,红房子是学校的图书室,也称阅览室,地上铺的仍是木地板。进门右侧是阅览室,左侧是图书馆,面对门庭的还有两个借书窗洞。后来辟为校史陈列馆的红房子,也许是沾了人气的缘故,在众多老师学生的精心呵护下,半个多世纪下来,这座颇有俄罗斯建筑风格的房子依旧保护得很好,红砖上面似乎一尘不染,在周边绿树的映衬下,红房子更显得生气勃勃。而今,旧校址里除了孔庙和县学建筑外,有点历史味道的就是这座红房子了。

最后还有一座红房子是松陵西门电灌站,其房子的格局款式也是仿苏的,红洋瓦、红砖、白水泥,凌空建架在河面上。西门电灌站建于1956年,真正名称叫"西门电力排灌站"。当年吴江县电力灌溉工程处成立后,属于县内首批电力排灌工程之一,归县水利部门管辖,是新社会农村机电排灌、走向机械化的明显标志之一,位于现人武部招待所的南面。西门电灌站当年承担着湖滨公社几个大队的排灌任务。电灌站的配建在当时是属于高规格的,由国家投资建造,房子的质量绝对可靠。

回眸松陵镇上的红房子,在历经半个多世纪的风雨岁月后,不经意中为我们留下了一份难得的遗产。苏式建筑是一个时期的特征，并大多数用于公共建筑，风格上的简洁壮丽，色彩上的明亮夺目，质量上的坚固耐用，的确是一个时代的烙印。犹如那墙体中一块块厚重（24厘米×11.5厘米×5.5厘米）的红砖，呈现着历史的厚重感。红房子给我们所留下的，除了记忆之外，还有那一份严谨的质量保证和突破传统引进外来艺术的勇气。它也是我们松陵人印象中的地标建筑。

松陵红房子，时代的一轮记忆，时代的一抹亮点。

流虹桥和它的故事

第二章

江南水乡松陵，水多，桥也多。各种各样的桥为我们留下了宝贵的财富和丰富的想象。如高耸入云的三里桥，侧卧运河东岸的浮玉洲桥，孔庙前的登龙桥，金带河上的獭豸桥、仙里桥，宝河上的乐渡桥、重庆桥，玉带河上的六子桥、利民桥，西门的流虹桥等。这些反映松陵历史的桥梁，除了精湛的艺术外，更为我们提供了松陵文化中不可多得的一份厚礼。

桥也有桥的文化。号称江南第一桥、气势恢宏的垂虹桥固然为我们留下了许多不朽的诗篇和名家的足迹，但小家碧玉般的流虹桥另有一种超脱风情，含蓄而耐人寻味。

在松陵古镇中，流虹桥若与垂虹桥相比，其规模气势与名声影响都相差几个层次，但流虹桥所留下的缠绵悱恻、凄美哀婉的爱情故事感动着许许多多的俊男靓女。

流虹桥是位于当年县城西门外护城河上（古称东濠、七里港）的一座石桥。明末清初，吴江北库的叶绍袁沈宜修一家声振中国文坛，叶为明朝天启进士，沈是沈璟之侄女，工诗词，是明末东吴女子文坛的领衔人物。他们的四个女儿、七个儿子个个文思才情，他们以叶氏午梦堂这个璀璨的名字，为中国文学史留下了不朽的篇章。在这样的家族文学氛围下，叶绍袁的长孙叶舒崇（1640—1679），字元礼，同样是出类拔萃，后为康熙丙辰进士，授官中书舍人，著有《宗山集》。叶元礼的父亲叶世侗便是叶绍袁的第四个儿子。

叶元礼不但文采过人，其相貌也是秀丽标致，真谓是一表人才。他言辞清丽，相貌非凡，人们常以一睹其相貌为快，大有魏晋时期的卫玠之风貌。卫玠被称为中国古代四大美男子之一，有"看杀卫玠"一说。在顺治十三年（1656），叶世侗和七弟叶世倕（叶绍袁第七个儿子）住在杭州皋亭山的佛舍里发愤读书，结果二人误食了毒菌而身亡。那一年叶元礼才十四岁，从此叶元礼便由叔叔叶世倌（叶绍袁第六个儿子，清康熙九年进士，授宝应知县，晚年隐居吴县横山，设馆授徒讲学，人称横山先生）抚养带大，此后叔侄两人同进同出、形影不离，情同父子。这时的叶元礼已经才华初显，与叔叔获得了相当的知名度。

这一天，天气风和日丽，县城西的十里桃花正当开满田野江边。在明媚的阳光下，叶元礼和叔叔叶世倌（后改叶燮），结伴前往苏州，当他俩来到吴江流虹桥处，这里的东濠是去苏州必经的一条小港。河边一座酒楼里的一位多情美貌的小姐正巧瞧见了叶元礼，叶元礼那少年英俊、风流倜傥、温文儒雅、神采飞扬的模样，顿时令这小姐倾倒。但该小姐拘泥于礼教，不敢对叶元礼有所表达和倾诉。

从此，这位小姐像着了魔似的，天天朝思暮想，吃饭喝茶全无心思，终日恹恹萎靡不振，无时不在思念着叶元礼这位少年郎。终于有一天，小姐积思成疾病倒了，药石罔效。在小姐临终之际，她把女儿家的心思告诉了母亲：其心已属叶生，今世无缘，愿结来世。就在这时，叶元礼恰好又再次路过流虹桥，走过酒家门楼，小姐的母亲听说后急忙前去拦住叶元礼，并向他转达了她女儿的临终话语和一片相思之心。叶元礼听后，肝肠寸断，跌足搥胸，急急奔进小姐的香闺，抚着小姐痛哭，这时，才见小姐轻轻地合上了眼帘。

"清词三大家"之一的朱彝尊从友人处听到这个动人的故事后，深受感动，就以"记恨"写下了一篇同样凄凉美丽，令人荡气回肠的《高阳台》诗篇来。

  桥影流虹，湖光映雪。翠帘不卷春深。

  一寸横波，断肠人在楼阴。

  游丝不系羊车住，倩何人，传语青禽。

  最难禁，倚遍雕阑，梦遍罗衾。

  重来已是朝云散。怅明珠佩冷，紫玉烟沉。

  前度桃花，依然开满江浔。

  钟情怕到相思路。粉长堤，草尽红心。

  动愁吟，碧落黄泉，两处谁寻？

  为了正确表达故事的内容，朱彝尊特在词的前面加上小序："吴江叶元礼，少日过流虹桥，有女子在楼上，见而慕之，竟至病死。气方绝，适元礼复过其门，女之母以女临终之言告叶，叶入哭，女目始瞑。友人为作传，余记以词。"

  据说，当年为这凄美动人的爱情故事，追咏写词者甚多，除朱彝尊外，还有王士祯、严秋槎、王阮亭等人都留下了词篇佳作。康熙初年，嘉兴女诗人、女画家黄媛介还应王士祯所嘱，作了一幅《流虹桥遗事图》，图以吴江文士叶元礼的爱情故事为题材，画迹清丽动人，王士祯在上面还题了诗。此图后来为近代女诗人吴芝瑛收藏，并加题跋，并录有诗人郭频伽词作，终成为一件弥足珍贵的传世文物。在吴江，由松陵人费善庆撰注、于1927年出版的《垂虹杂咏》，也收录了一则题为《流虹桥》的诗："一桥依旧跨西东，两岸桑麻望郁葱。彼美云亡元礼逝，有谁韵事说流虹？"其后注解道："按桥在西门外，相传康熙间邑人叶元礼过此，有女子在楼上见而慕之，竟至病死，气方绝。适元礼复过其门，女之母以女临终之言告叶，叶入哭，女目始瞑。同时朱竹垞为记以词。"

  朱彝尊这首《高阳台》词很快就流传开来，一时轰动江南。人们争相传诵，而且都想看看美少年叶元礼。他每次经过市衢，都有人指指点点围观，导致堵塞街道。一些闺阁小姐，则从帘后、楼头偷偷窥视。据说后来甚至惊动当道，无奈之下，把他召入官署中读书去了。叶元礼于康熙十八年（1679）病逝，年仅三十九岁，一代才子美男就此消殒。

时光岁月流转到20世纪初时，流虹桥成了县城通向太湖的唯一通道。

旧时吴江城的东西南北分别有四座城门，西城门就在现在的吴江工商银行东南角处，出得西城门，向前走上四五十步，便可踏上流虹桥了。流虹桥是一座横跨护城河（现称西塘河，旧称东濠）的梁式石桥，那是县城人们出西门、去太湖的主要通道。实际上，现在的工商银行正处在西城门与旧流虹桥之间。

早年的流虹桥为两面有台阶、宽两米多的石桥，这桥为明弘治九年（1496）重建，清康熙五十年（1711）修，乾隆四十四年（1779）重建，属梁式单孔桥梁。桥下河水清澈、水流平稳，河底平坦硬实，非常适合游泳。在20世纪60年代中期，吴江印刷厂还组织工人们集体学游泳，大人小孩把流虹桥这一段河道挤得像开了锅的粥，好不热闹。70年代中期，苏州市邮电局在桥堍的西面，建了一座小院子，作为该局外线工人巡查线路的宿舍。

60年代最后一个国庆节前夕，远在西门外太湖边的部队农场为适应"备战备荒"的形势需要，要修建一条能通向吴江城的汽车道路。该道路从三角井向西南延伸，在石板流虹桥南五六十米处新建了一座水泥拱桥，也被称为流虹桥。后来，随着三角井到护城河这段河道的填没，古老的石板流虹桥也被拆除了。

70年代初期，像模像样的钢筋水泥桥在松陵镇上并不多见，漂亮的、赵州桥式的新流虹桥成了镇上的一大亮点。新桥横跨护城河，在主拱的两肩各有三个泄洪孔，各孔由纵向的多个小洞连接，犹如迷洞一般，是孩子们的天堂。孩子们常常在这里摆开战场，桥上桥下、桥孔之间上演了无数次的"铅丝枪"大战。与此同时，流虹桥上隆隆的汽车声，也唤醒了西门外这片尚未开发的处女地，该桥第一次真正地把松陵镇古老的城区拓展到了护城河外。

随着镇区规模的进一步扩大，城市建设的重心开始西移。这条新建的路也一直向西，越过那儿的渠道、气象站、养马场、靶子山，通往部队农场。由渠道改建成的西环路（现称鲈乡北路）一时成了镇上最宽畅笔直的大道。

【左】20世纪70年代初的流虹桥写生画
【右】20世纪70年代水泥流虹桥，远处箭头为旧流虹桥位置

通过流虹桥向西的人流、车辆日渐增多，西门外的开发速度，使得略显瘦小的流虹水泥桥已不能满足形势的要求。

到了1986年4月，在水泥流虹桥与石板流虹桥之间架起了一座较宽的新桥——新流虹桥，在很大程度上更适应了向西发展的需要。大规模建材的运输、住宅新区的拓展、城乡经济的往来等，都离不开它。青春勃发的新流虹桥以其日益重要的桥梁作用更加引起人们的关注。在这期间，拱形水泥桥与新流虹桥并存了一段时间。后来，南侧的水泥拱桥也在完成了历史使命后被拆除。

进入2000年，为了进一步适应城市建设和道路交通安全的需要，流虹桥降坡纳入了政府实事工程，流虹桥第四次被改造，不仅把坡桥降之和路面平齐，而且在原桥宽度的基础上另拓展出了人行道。从而使平坦宽阔的桥与流虹路、西塘河景观浑然一体，不仅极大地方便了交通，更成了一道绚丽的城市风景线。桥的两侧相继建造了松陵农贸市场、工商银行、烟草公司、外贸公司等高楼。

流虹桥可算得上是一座老当益壮、举足轻重的"老桥"了，它在市区向

今日流虹桥

西发展的开发进程中起着名副其实的桥梁作用。回望流虹桥的传说和演变,方圆不足半千米的老西门经历了翻天覆地的嬗变,由旧城乡边缘变成了新吴江的市中心,这里见证了吴江城区的发展。

"钟情怕到相思路",小小一座流虹桥,演绎着松陵的历史,传递着松陵发展的接力棒,为我们留下了绵绵话题和无限遐想。

松陵菜场

第二章

　　说起小菜场，大凡百姓都是熟悉的，虽说它是生活中的小事，但开门七件事，哪一样也离不开小菜场。江南人把主食叫饭（或粥），副食就叫小菜，因而把集中出售副食品的场地就叫作小菜场。只是菜场的经营场地，要看当地的条件而定，有露天和室内之分。菜场里不仅出售新鲜蔬菜肉类海鲜河鲜等，同时也有各类调味品、南北干货、土特产以及生活用的小商品等。菜场的变化，与百姓的生活息息相关，与百姓的情感天天相连，小小菜场也是观察社会生活的风向标。

　　松陵作为吴江的县城所在地，菜场的兴起成形也是较早的，早在明清两代，松陵商业几度盛衰，最后形成了三大集市商业区域：北门外、城中小仓桥、东门盛家库。这三大集市为县城百姓提供着生活的必需品，在整个商业发展中起着主导的作用。

　　民国初期县城内几乎无菜场可言，菜农卖菜基本是在城里中心地带沿街出售，摊位凌乱不堪，只能称为露天菜场。直至1935年3月，在时任县长徐幼川的直接干预下，吴江城内（今松陵城中广场南侧药店处）才兴建了第一所正规的菜场。《吴江县政·建筑城区小菜场》的引言中说："本县城区向无规定地点，以供菜担摊摆营业，致菜担沿街乱摊，街面为之狭窄污浊不堪。往来交通，实感不便，对于卫生尤有妨碍，小菜场之建筑，实属地方需要。经第三科拟具图样预算，呈奉建设厅第一三九九号指无核准，至二十四年三月十四日开工建筑矣。"对于菜场建筑费用，首次预算为1080.38元。

此菜场作为当时的惠民实事工程，受到百姓空前欢迎。政府第三科于1935年3月11日招标结束，在大仓桥东原来的火神庙处选定地址，最后由郁鸿兴营造厂承包此项目，并于3月14日立即开工建设。由于有限令在身，再者是属于一种棚式建筑，所以三期工程进展很快，于4月20日全部工程竣工。后经建设厅派员验收，出示"建设厅第二四九六号训令，认为工程合格，准予验收"。这座设计上几乎方形的小菜场，进深有9.89米，开阔有8.7米，屋架高度离地达5.1米，屋顶面采用26瓦楞白铁，地面先用高规格的水泥，菜场四周附有用青砖砌成的明沟，通至北侧的宝带河，沟盖则用混凝土做成。菜场内的多根支撑屋顶的柱子，是用钢筋和混凝土做成的。建造该菜场，总共花费了1007.75元，最后由营造方出具收支决算书表，连同单据交付政府，财政厅出示稽字第三一三〇一号指令"准予核销"，对于工程款多余的72.75元，则

【上】民国时期的棚式菜场
【中】民国时期建吴江菜场的记载
【下】东门盛家厍集市

"解缴县金库存储"。从建菜场的一事中，可以看出民国吴江县政府在办事及工程款的使用中，也是较为严谨的。

在以后风风雨雨的岁月里，这菜场始终为松陵城里百姓带来了一定程度上的方便，为菜农卖菜、居民买菜提供了一个能遮风挡雨的地方，在这个综合性的菜场里，鱼、肉、水产、豆制品、蔬菜、水果，以及烘山芋、修钢笔等应有尽有，农民自产自销的摊位就在菜场的西面和北面的马路边上。记得20世纪60年代后期，菜场里有一种"盆菜"可买，这种买卖在小镇上风光了一回。盆菜是引进上海时尚模式，事先把几种小菜都搭配好了，放在一个盆里对外出售。这既是一种精明卖家想出的法子——可以把一些滞销的菜系搭配出去，也是方便顾客的一种方式——盆菜可以节约主妇们买、理、汰的时间，买回来即可入锅烧炒。如果家里要招待亲戚朋友，盆菜摊位的人员会帮助配一桌菜，有鸡鸭，有鱼肉，还有时令蔬菜，买回去就可以烧了吃，相当方便，而且比自己选配还经济实惠。如今超市也有此类盆菜可买，只是选购之人不是很多。除了城里有棚式菜场外，其他北门、盛家库新桥河菜场，仍是沿街、沿河摆摊。泰安桥上菜摊云集，任人购买。

松陵三个菜市场，各有特色所长，除了临时摊贩外，还有许多特色商店，也为菜市场增添了不少光彩。有的居民为了买到特色物品，只得舍近求远，奔波于其他菜市场。如北门市场中有孵坊商店，出售的喜蛋，成为季节中的时令食品，毛茸茸、叽叽喳喳的小鸡小鸭苗跑来跑去惹人喜爱。又如盛家库多销水鲜鱼类货，特别到过年，东门鱼行更是门庭若市。新盛街上的豆腐坊也是镇上唯一的作坊，三大集市的豆腐都出产于这里，想吃热豆腐的人，就得早起赶到那里去买。农具渔具杂货铁件、特色套鞋、雨具、衣服等，更是非盛家库莫属。当然，城中集市更胜一筹，商品包罗万象，商店铺面众多，菜场品种多而齐全，各类信息也是先人一步。

到了20世纪70年代初期，由于松陵浴室（旧时称尚洁庐浴室）需要扩建翻造，有着近四十年历史的城中棚式小菜场被拆除。随着形势的变化和人口的增多，城中菜场一度又回到沿中山街设摊的窘况。在三年自然灾害时期，物资普遍奇缺，农民家庭副业受到限制，就是专供城镇蔬菜的城心大队、城郊大队也是捉襟见肘，入不敷出。相对城中菜场，北门、东门的露天集市菜场规模虽小些，但持续的时间更长。

由于受"文革"影响，异地贩卖被当作投机倒把和"资本主义尾巴"，菜摊子缺少流通物品，只有本地少量的鲜鱼虾、蔬菜可以随市出售，农副产品则难以入市，菜场集市贸易一直处于温而不热的状态。只有到了逢年过节，小菜品种才略显丰富些，但狭小的中山街变得拥挤不堪，叫卖声、吆喝声不绝于耳，有时人们为了一点井市毛利，也会争得面红耳赤。清晨商店门前的一块砖头、一段草绳、一块瓦片，甚至一只破篮，都是排队的代替物；簇拥在某个摊位前，则是时鲜菜上市的信号。市井生活，菜场风情，就这样天天演绎在小镇的骨子里。

70年代末期，镇上在庙前街西段开设了贸易集市，为改善环境，设置了彩钢玻璃棚顶，一方面给中山街疏通了交通压力，另一方面也能集中管理菜市场。此段时间，菜场逐步走向兴旺繁荣，久违的城镇集市气息又回到了人们的生活中来。买菜做饭是每个居民家天天都不能缺的家务大事之一，居民每天都会聚拢到菜场里买菜，低头不见抬头见，久而久之，生面孔也成了熟面孔，东家长西家短的话也就在小菜场里交流和传播了。小菜的质量和价格成了每天市场交流中永恒的主题，哪个摊位的小菜好，哪个摊位的价格

【左】北门集市
【右】庙前街集市（画于20世纪80年代初）

20世纪80年代中期的城中露天菜场

便宜,还有一些各自的买菜经、小菜搭配经等。有很多成语,如讨价还价、斤斤计较、半斤八两、货比三家等,用来形容小菜场里的谋略,也是恰如其分。至80年代中期,菜场又从庙前街搬到南面城中广场处(鸿运楼饭店旧址),一度又成了露天菜场。原来庙前街菜市场辟为了服装市场。

作为县城里最大集市的城中菜场,一直没有一个安定稳固的场地,实属一大憾事。为了解决城中居民买菜购物有一个良好场所的需求,1988年1月2日,吴江工商行政管理局在西门流虹桥东南块原木材加工厂处,投资开工兴建了松陵农贸市场,共投资2300余万元,当年9月26日工程竣工。该农贸市场建筑面积达5930平方米,为双层混凝土全框架结构,楼上楼下200余个店铺,摊位整齐,区位划分明确,工商管理、消防、治安职责到位。鱼、肉、禽类、蔬菜、豆制品、冷冻食品、调味品、南北干货应有尽有,是吴江境内第一个室内农贸市场,其建筑规模、营业面积、构造形式也是当时全省县城菜市场之最,轰动一时。1992年11月,农贸市场被评为1991—1992年度江苏省文明集贸市场。1996年,年成交额达1.6亿元。

进入90年代,随着松陵人口的迅猛增长、旧街区的改造,群众对菜市场的设施和需求也有了新的期盼,政府因地制宜相继在多处居民集居地段,兴建了多个农贸市场,

【上】松陵农贸市场
【下】新建的体育路农贸市场

并且都采用了室内菜场形式,为群众购物买菜营造了良好的环境条件。北门菜场原来是在北门街上沿街设摊的,在改造吴新村、城中村时,在水关桥西北侧建成了室内菜场,红火程度一度超过城中菜场,现在又迁往了北面,改名为新天地农贸市场。在通虹路处新建了南门菜场;在鲈乡南路水乡花园对面新建了水乡园农贸市场;在227省道东面新建了西元圩菜场;江新村云梨路口新建了江新农贸市场;原先一直在油车桥西堍自发形成的露天菜场,也搬进了位于油车西路的西门农贸市场,这里位置较好,居民集中,人气一直旺盛。后来,随着城区面积和商品房楼盘的一步步扩展,一些临时的露天菜场也应运而生,暂时解决了人们的购菜之需。如运东三里桥菜场、运西城北柳胥菜场、庞杨小区菜场、学院路共青河闸菜场、圆通寺菜场等。

作为流通环节,菜市场的批发场地,也在变化着。如90年代中期三角井一带也曾是临时批发点。现在的江兴路西农产品批发市场、华东商业城批发市场作为吴江松陵的两大农产品、副食品批发基地,各自为菜篮子的丰富做着工作。

松陵在扩大,菜场也跟着扩大。菜场始终伴随着松陵的脚步在一天天发展向前。城中农贸市场迁到了体育路那边,北门菜场迁到新天地市场,梅石路邻居中心有了新的城西农贸市场,联杨小区有了联杨农贸市场。还有多家专门销售本地菜系的平价蔬菜门市部,市区各大超市也有荤菜、蔬菜出售,等等。

菜场与百姓的生活紧密相连,从菜篮子中也能看出百姓的生活变化和质量的提高。松陵小菜场的演变,从小到大,从少到多,演绎着一个城镇发展的轨迹。菜场情、百姓情、世间情,通过松陵菜场的演绎,告诉我们,松陵人就是从这些繁杂的、充满温馨、体现市井风情的场子里走出来的。

松陵靶子山

新中国成立后,吴江境内无山,这是一个不争的事实。也正因为无山,更显出吴江人对山的渴望和对山的崇拜。尤其对于孩子们来讲,山更是他们心目中的一块圣土和领地。所以松陵镇的两处土墩:公园七阳山及西门靶子山,便体现了镇上人对山的概念的一种神往。

靶子山位于松陵西门外,沿着流虹路一直向西,直至当年的太湖边上,当年属于湖滨公社石里大队管辖。这是一座人工堆砌成的土山,高约二三十米,南北底宽约百米,东西约三四十米。靶子山的形成,有着其当年一定的时政背景和实际情况。后来,靶子山一带枪声大作,成了军警、民兵的练武之地,也成了小孩子们的玩耍场所。

早年的那里,曾是太湖的滩涂,鱼塘、芦苇、蒿草遍地都是,松陵著名的吴家孝母坟就是在这里。山的西面一带为周家荡(现苏州河),荡内蒿草旺盛,是养牛养鱼的极好饲料。隔着东太湖,从这里能清晰望到吴县的七子山。到了1962年1月,解放军二十七军第七十九师部队进驻东太湖,选定1954年大水淹没后未能恢复耕种的南周家荡和北小周家荡两圩为农场范围,开始屯兵耕作，围垦荒地。后几经移手，如今是第一集团军军直副食品生产基地。60年代中期又掀起了围垦造田运动，吴江各镇（公社）大量劳力涌入东太湖，那一大片的滩涂逐渐变为农田。靶子山正处于内陆与滩涂的接壤处，苏州河就好似一条明显的分界线。

1963年至1964年，针对我军军事素质亟待提高以及外来势力咄咄逼人的严峻形势，全军掀起了一场大练兵、大比武竞赛。一时间，一个声势浩大的以推广郭兴福教学法为标志的练兵运动在全军兴起，并延伸到全国各地的民兵队伍中。这次练兵运动规模之大、范围之广、影响之深、效果之好，都是前所未有的。特别是毛泽东、刘少奇、周恩来、朱德、邓小平等党和国家领导人亲自检阅军事训练成绩，更把其推向了高潮。这场大练兵运动是军队训练史上的重大事件，它以其独有的辉煌镶刻在人民解放军建设的历史上。打靶是这次大练兵中的重中之重，这个项目直接反映了个人的军事素质和技能水平，因而靶场的建设随之也在全国各地展开。

为了探得松陵西门靶子山的形成，笔者在2011年的4月份，前往松陵鲈乡三村特意拜访了金水根老先生，这位当年历任石里大队大队长、民兵营长、书记的老人，看上去精神矍铄，挺直的腰板颇有一种行伍者的风范。他得知我的来访目的后，爽朗地接受了我的采访。他说，大约在1963年年中，随着大练兵的开始，他们大队接到了县人武部的通知，要在石里六队的地界上建造一座靶山，用于练兵打靶。也许是出于地形的关系，山的后面是一大片空旷地区，符合安全上的考虑。吴江练兵，基本上全是民兵在练，与部队农场驻军或公检法部门是分开的。

人称石里活地图的老金说，山的外面是一个八亩的鱼池，四周全是田埂，堆山的泥土全是他们从周边的旱地里挖来的，因为这种黄泥土黏性好，又坚固，不易坍塌，堆的时候还要一层层叠好。在县人武部的组织下，挑土方的人基本以湖滨公社十个大队的武装民兵为主（另还分有基干民兵），再加上石里大队的八个生产队劳力。经过两个多月的艰苦挑土劳动，一座带有军事色彩的土墩就屹立在了太湖侧畔，成了延续几十年的一个地标性物体。老金感慨地说，那个时候挑山全是义务劳动的呀，上级又不给发钱。后来他们

【左】靶子山外的围墙
【右】测靶掩体猫儿洞

大队里就按土方给每个劳力计算些工分,以作点贴补。

　　有了靶山还不行,还需要有趴着打枪的地方,称为靶台。所以在靶子山的东面水稻田里,又垒起了三座小土墩,根据远近距离分别用于五十米手枪、一百米步枪、两百米轻重机枪。在以后的打靶实践中,一百米步枪是用得最多的。靶山建成后,县人武部又专门请人在山的脚下开凿壕沟,浇筑水泥,用于作为测靶员的藏身之处。当我问起打靶时,周边的农田劳作情况怎样,老金笑呵呵地说,这不要紧的,人武部会提前来通知的,我们的生产队也会安排时间周转到其他地方去耕作。当然,在打靶时,组织者也会在靶山两侧和周围派出哨兵,防止闲人进入禁区。从建立靶山以来的几十年里,由于有着严谨的组织纪律和到位的管理措施,所以从来没有发生过一次意外流弹事件,这是值得引以为荣的。

　　在20世纪60年代以后的日子里,民兵们成了演武场上的主角。1964年10月5日至8日,吴江县召开了首届民兵比武大赛,出席代表达一百九十一人,并有六十六人列席。进行了射击、投弹、刺杀、战术四个项目比武。在靶子山参加射击比武的有一百二十二名,最后有十九名民兵取得了"特等射手"的称号，十三名取得了精度射击的优秀成绩。由于靶场不多，各镇（公社）的民兵全要到松陵来打靶。1969年从部队复员归来，历任八坼人武部干事、副部长、部长的严竹林老人说，他们打靶都要提前与县人武部预约的，第一是场地，第二是子弹分配。民兵枪是有的，但子弹是上级严格管理的。通过练武打靶，体现当地民兵的军事技术素质。在1964年全军大比武中获得舟山部队特等射手称号的严老说，以五发子弹为基准，命中二十五环为及格，命中三十五环为良好，四十五环以上为优秀，这些都是基本的素质。民兵们基本上是每年打一次靶，每个镇（公社）轮流上阵，遇到比武时，则会多打几次。直到70年代末期，有些镇（公社）有了自己的小型靶场，如平望、黎里、八坼等都有了靶场，松陵西门靶子山就去得少了。

除民兵以外，部队农场解放军、公安司法的干警们也是靶子山的常客，在比武之外，苦练基本功更是他们常抓不懈的工作。老金说了，靶子山建好后，归县人武部统一管理，所以不管谁去实弹打靶，总是由县人武部通知石里大队，让其社员们避让耕作。

靶子山建成后，同样也给镇上的孩子们带来了新的兴奋点，有了一种对山的冲刺感觉和攀登的欲望。在那年代，笔者和其他孩子们一样怀有着军人情结，拾得一枚子弹壳、挖得一粒子弹头，这在同伴中是何等的荣耀。拥有一些弹头弹壳，似乎在伙伴中的地位也高了点。靶子山成了孩子们深入野外、认识山峦的一个极好去处。待我长大后，进厂当了一名民兵，也终于持枪进入了靶场，真枪实弹地秀了一回。基于气枪打得多的缘故，那次民兵打靶，我没给厂里丢脸，十发子弹打了七十环，靶场留下了我的梦想。

到了1980年3月，县人武部对靶子山及周边环境约五十亩地作了整改布置规划，成立吴江县民兵训练基地。1984年10月竣工，到1985年1月西门训练场正式启用。同时，也把弹药库从流虹桥西处搬到靶山的附近，靶场的周边部分地段也用墙围了起来，保证了靶场的绝对军事化管理。在基地里面还设置了兵器室、教研室、射击场、靶台、台坑、铁丝网等，能进行战术、投弹、爆破等项目及通信专业技术兵训练。到了1991年，还新建了教育设施楼，开辟了国防教育馆。管理者还在山的南侧种植了大片香樟林，绿化环境。

随着国家经济发展进程的加快，民兵队伍的建制也逐渐淡出人们的视线，民兵转变成了预备役队伍，靶场也转变成了专业化的训练基地。在2000年，整体修建了围墙，靶场内设置了轨道自动报靶机，新置了打靶的靶台及掩体棚架，进行了全封闭管理，大大提高了训练效果。

2010年10月8日，由于环境的变化和市政布局的调整，靶子山已不适宜再在这儿生存下去，而有关部门已在菀坪银吉村重建靶场。

时光到了2011年年初，伴随着轰鸣的挖掘机声响，堆积了近半个世纪的西门靶子山，在瞬间内消失了。这座堪称满身弹坑累累的英雄山，在完成了它的历史使命之后，悲壮地卸下了它那光环，还地于民。只是在老松陵人的记忆里，它的巍峨高大，它带给我们的欢乐和崇拜，以及一些难忘的追忆，都不曾逝去。

松陵公园的前世今生

松陵公园，是一处大家耳熟能详的地方。公园地处县城东侧老城墙内，北靠玉带河（现称流虹路），南依县府街，东枕城墙，西邻紫石街、磨坊弄。公园虽然不大，但对土生土长的老松陵镇人来说，那里不仅有欢乐的童年笑声，也有夕阳晚年的缓慢脚步。公园是一块难得的乐土，尤其对于无山的吴江来说，公园里的小土山，就是人们心目中对"山"的一种概念。

建园起因

说起松陵公园的建园史，也是颇有一番来历的，其中的几多磨难，几多坎坷，几多荣衰，为松陵公园注入了一份丰富的历史内涵。

就园林性质来讲，中国过去只有皇家园林或私家园林，早先松陵也有共怡园、谐赏园等私家园林。到了民国初期，社会出现了由传统向现代转型的一段交叠期，社会生活随着西方文化的渗透以及工业化、城市化发展而发生了较大变化。这个时期作为舶来品的公园也随之产生，公园拓展了中国人娱乐健身集聚的空间，并对日常生活产生了一定影响。后来随着西风渐进，政府对民众思想意识也逐渐有了新的认识，公共园林开始在中国遍地开花，如苏州的留园原为盛宣怀私人花园，民国18年（1929）收为公产，向公众开放。中国最早的公园是由英美租界工部局于1868年8月在上海建成开放的外滩公园，当时称"公家花园"，在1904年，《大公报》报道南京建公园时就全部用"公园"一词，公园名称才进入了公众视线。可见，公园这一公共休闲娱乐活动空间完全是近代西方文明进来后的产物，我们现在公园的定义是"供公众游览休息的园林"。

民国建立以后，公园成了各地市政建设的一个重要内容，像上海、北京、南京、天津、广州、青岛、成都、武汉、杭州、西安、苏州、无锡等城市都有数个乃至十个以上公园。一般县城也都有公园，如嘉定有奎山公园，金山有第一公园，常熟有北门公园，宣城有鳌峰公园。公园的出现与发展在一定程度上推动了民众健身游乐的发展，让人们从单个个体走向公众场合，反映出政府已经开始顺应社会发展潮流，关注市民生活，并为民众提供一定的活动空间。

而我们吴江松陵，按地理地貌看，在明清年代是有山的，在越溪，但离县城很远，公园原址那儿只有一片荒地和两座相依的小小土墩，也无名称，占地约一点九公顷。到了太平天国以后，镇上人们用毁坏的砖瓦、石块、垃圾以及清理玉带河时挖出的淤泥堆积在土墩上，七阳山才略具规模，但仅仅是两座秃山而已。由于山前地势较平，清末曾作过县衙警察的操练场，也称为"七阳山校场"。到了民国七八年间，县知事李世由和知名士绅费仲笆等人，先后在七阳山上遍植松树，遂有了"七阳听松"这一松陵景点，松陵书院的文人墨客常常登上土墩俯瞰西面的松陵街市，再看东面的垂虹卧波，尤其当夕阳西下时，彩霞增色，苍茫如画，故题这两座土墩名为"七阳山"。由于只栽不管，时间一久，七阳山周围，逐渐成了放牛的荒场。不管如何，园林的雏形已初见端倪。

随着进入民国，公园建设在全国各地渐渐兴起，向来有着倡导新兴运动传统的松陵人，除了兴办教育学堂之外，在建公园的认识上也是顺应潮流。

民国12年，本县吴中行、周公才、黄少娱、吴季贤等知名人士发起建造公园。由市议会推选周公才、黄少娱为筹办主任。他们设想：园中陈设吴江历史古迹，移用城隍庙共怡园的太湖石布假山，铺植草坪，开辟网球场，建造茶亭及四面厅、公共礼堂、儿童游戏场等。但最终因经费（两千余元）不足，周、黄二人又不肯任"吴江公园主任"之职，所以这一设想未能实现。但是他们这种萌芽式的举动以及对公园的向往，还是为后来建园打下了基础。

公园姓公，作为公众游览休息的园林，民国23年间，吴江县相继建起了不少公园，有盛泽目澜洲公园、震泽公园、同里公园（日军侵华时被毁）等，为广大民众提供了一个全新的公共场所，营造出一种新风尚的氛围。而县治松陵镇上公园的建造更是摆到了国民政府的面前。民国23年5月的县第六十七次党政会上，上任才一个月的县长徐幼川再次提出建造公园的建议。《吴江县政·建筑城区公园》的引言中说："查公园为市民业余消遣之场所，本县城区居民共一万三千余人，向无公共娱乐场所，建设当局屡次筹建公园，终以经济关系，未得成功，幼川于二十三年四月抵任，即建议筹建公园，商诸县建设委员会，继即成立公园筹备委员会，共策进行，惟以经济能力，一时尚有不逮，特拟定分期建筑，计划现已进行至第三期。"由此而见，公园作为市民业余消遣之场所，得到了政府认可和赞同，而徐县长上任才一个月，即把建公园之事提到了县党政会议上，足见这位县长的公益意识是何等令人可敬可佩。

分期建造

在这六十七次党政会上决定，由县党部、县政府、教育局各出一人，组织设计委员会，进行规划，并经县政务会议决定，拿出开办费六千元。

至于将公园建在何处，当时提出有三处：七阳山、共怡园、图书馆（原三角井一招）。最后报请省建设厅，遂定为七阳山。按照规划，公园建设分三期进行，"第一期工程只包括建筑园墙及园内道路"，于民国24年5月9日招标结束，由三达公司承建，在6月16日开工。至8月份因故转由徐文记营造厂

 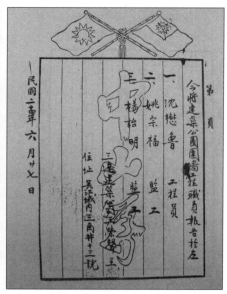

【左】当年规划设计公园的图纸
【右】第一期工程中三达公司的工程责任人签名

接手承建，于当年12月下旬完工，经吴县建设局局长曹廷治验收合格。

"第二期工程包括建筑公园大门、中山纪念堂、四面厅、茅亭等"，本期工程于当年10月招标结束，由胡松涛营造厂承造，在10月13日开工，至民国25年1月17完工，3月份经吴县建设局局长曹廷治验收合格。政府还请了国学大师、吴江名士金松岑先生题匾于堂。据了解，当年有一批吴县香山帮的匠人来到吴江，建造中山堂、息楼的是冯龙土等人，建造四面厅的是任金生等人。冯的子女如今都居住在松陵。

"第三期工程包括建筑园丁室、管理员室、花房、厕所、道路、种植花草树木、平土、添边门、水泥踏级、凳椅讲台及电灯等"，本期工程于民国25年5月1日招标结束，由沈兴记营造厂承做，在当月20日开工，两个月完工，验收合格。三期工程，政府共花去8024.41块银圆，为此松陵百姓对徐幼川县长心存好感，对国民政府建设公共园林赞赏有加。

为了将这一公园建成建好，政府从民国23年6月到24年2月的半年多时间内，还特意分别召开了六次筹备会议，对园内的道路、树木、亭子、房屋、围墙等进行详细规划论证及确定工程承包商和经费的支出预算等。通过这些会议记录，我们看到了当年建造公园中的一些细节和严谨的工作作风。

功能属性

诚然，我们也应看到，吴江筹建公园，更是顺应潮流的一种反应，是在西方文明大范围进入中国后的一种地方进步的体现，体现了这一时期国民政府对公园这一类的公众空间进行多层面的意识形态的渗透。因为这类公园除了用作娱乐休闲旅游以外，还在潜移默化地发挥教育大众的作用，政府还将一些政治符号通过公园向民间传输。这样的例子在国内也是屡见不鲜的。如第二期中建造的中山纪念堂，就是为了配合当时形势所建的。南京国民政府建立后，很多的城市公园都以孙中山来命名，或将原来的公园改名为中山公园。据不完全统计，全国在民国时期建成的中山公园总计一百四十多座。我们吴江城区公园在正式命名"吴江公园"前，民间就称它为"中山公园"。而且相当一部分公园内还建有中山纪念堂，中山纪念碑、塔、亭。这些园和堂的大量出现，一方面是为纪念孙中山，但另一方面则表明国民政府试图通过公园这一大众旅游娱乐场所，向民众宣传孙中山"天下为公"及三民主义思想，灌输中华民国的国家观念，从而增强民众对新政府的认同感，强化新政府的合法性。吴江中山堂建成后，县里的重大活动一般都在此堂举行召开，如民国23年在中山堂举行"吴江县第一区草梗乡乡农会成立大会"，民国25年2月举行"吴江县第十次行政会议"，如民国26年6月16日举行"江苏文艺协会吴江分会成立大会"，民国35年4月1日召开首届一次吴江县临时参议会成立大会，通过了县政府施政工作报告和财政收支概算等报告。又如民国36年10月，在此堂召开第二次吴江县参议员大会，出席96人，正式将临时参议会改为吴江县参议会，从而使该会一直延至吴江解放前夕。民国36年11月29日，此堂举办第一区省、县立小学卫生演讲比赛，县党部潘翔君、县长徐幼川、区长陶昌华等7人任评判,等等。吴江中山堂一度成了吴江的议事中心和聚会场所,真正地发挥出了它的公共作用。

民国26年,经国民党中央批准,在公园中山纪念堂前,为吴江的革命烈士钱涤根殉难十周年建造纪念碑。纪念碑式样采用吴江中学美术教师须戒已先生设计的图样,纪念碑占地18平方米,碑高5.4米,通身以金山石凿成,碑座分上、中、下三层,正面铜牌0.6米。碑身为三角柱体,高3米,请时任国民政府主席林森题写"钱涤根烈士纪念碑"八字。并由钱涤根生前同事、原国民革命军江苏省总指挥部秘书、盐城人夏杏园撰碑文,松陵人、黄埔军校教官金鲁望书写,制成铜牌,镶嵌在碑的中层正南面。碑文记载了钱涤根投身于中国国民党早期革命活动的光辉业绩,建碑共耗大洋六百元。县长徐幼川将钱涤根烈士遗像一帧,交与公园管理员顾君赞,令其悬挂在中山堂内。并且在当年3月28日,江苏省政府指令吴江县长徐幼川,"每年一月十六日为钱涤根烈士殉难纪念日。请鉴核案由,呈悉,应预备案"。5月,纪念碑落成,各界人士及国民党吴江县党部、吴江县政府在中山堂对烈士进行公祭,由县长徐幼川主祭,县党部执行委员潘翔君主持。钱涤根纪念碑在公园内的建立,也是符合这一公共原则的。

【左】位于县府街的公园大门
【中】中山纪念堂一角
【右】1947年4月吴江县临时参议会成立大会

由此看出，钱涤根纪念碑的建立，与国内许多公园的境况是如同一辙的。如广州越秀公园内建孙中山纪念碑、中央公园内有史坚如纪念碑，南京瞻园"陈列江苏省革命遗物及遗像"，而在当时南京最大的公园——第一公园内，建有烈士祠、纪念碑、总理遗嘱亭。杭州西湖旁有秋瑾墓、先烈祠、阵亡将士墓，湖滨公园内有北伐阵亡将士纪念塔和陈英士铜像，镇江有纪念四烈士的金山公园等。这些纪念碑、塔、亭的出现，是国民政府通过公园这一大众载体，使人们置身其中，肃然起敬，同时将这些革命思想、国家认同、政府意志潜移默化地植入公众精神之中。在吴江县政府的带领下，政府公职人员、地方军警也来公园参加义务劳动。

所以说，松陵公园的公共属性和其他公园一样，从初建时就为其烙下了国家的公共印痕，或多或少地成为政府宣传国家观念、培养民族主义、教化民众的教育场所。中山堂后来也叫民众教育馆。公园在1935年被命名"吴江公园"。1937年第四期工程只完成部分设施后，因徐幼川县长的卸任，停止了建造。

1937年11月18日，日军侵占吴江县城，松陵公园遭到了毁灭性的破坏。公园中的建筑、花草树木、道路、围墙等都被日军所毁，还被窃去了铁门，公园一度成了放牧场和秃山头。抗战胜利后，东北角的四面厅也遭到破坏，其状况令人心酸不已。后来又几经战乱，公园里虽然作了部分修补，政府也补种了许多树木，但难以再现昔日的容貌，徒有一个虚名，似乎到了垂暮之年。这一时期，公园的"公"性丧失殆尽，无人问津。1946年，吴江县政府拨款整修公园，为纪念抗战志士、原吴江第一区区长王祖坝（字岳麓），一度将公园称为"岳麓公园"。在1949年的一份八十六师部队作战图上，第一次标注出了"吴江公园"的字样，这是一份很好的档案材料。

重获新生

新中国成立后，这遍地伤痕的公园，得到了新政府的相当重视，公园的公共属性重新又回到本义上来。1953年吴江县人民政府引进了大批黑松、罗汉松、玉兰等名贵树种，发动吴江乡村师范全体师生多次进行义务植树活动。其间，原为旧时两山间空地的"七阳山校场"，也辟为了灯光球场，中山堂改为吴江县文化馆和吴江县图书馆。20世纪六七十年代中，这块镇上最大的水泥场地上，常常举办由多家工厂篮球队参加的比赛，吸引了镇上许多老老少少前往观看。同样，镇上如有集会类的群众大会，灯光球场也是重要场所之一。50年代全运会后江苏省体操队也来公园进行巡回表演。1958年公园北面的玉带河填没，公园在憩楼边上开了大门，方便人们进出。以后，政府逐步拨款维修园内被毁坏的设施。至此，公园恢复了青春，又是满目青翠，鸟语花香，成了群众余暇休息锻炼身体的理想场所。松陵公园的复苏，再次让我们看到了新政府在公共园林方面所做出的成绩以及政府通过园林建设，以达成与公众交流的目的。这也是公园发展历程中，公共属性所表现出承前启后的一种良好衔接形态。

在"文革"浩劫中，公园同样也遭到了厄运，中山纪念堂、钱涤根烈士纪念碑、憩楼、山亭先后遭到破坏或移作他用。中山堂是在60年代初改建的，许多名贵花草树木被随意砍拔，公园里面迁入了许多部门单位，公园的公共属性遭到人为破坏，公园一时陷入了无人管理的境况。尽管如此，松陵公园在版图上还是有了它的位置，从地图中能一目了然地找到它的影子。

时至党中央十一届三中全会以后，社会政治经济得到全面拨乱反正。县政府对公园建设进行了全面部署，城乡建设局拨款二十多万元，并正式批复了管理公园的机构，1981年，公园开始全面整修，费孝通还为"吴江公园"题词。公园大门由原来的北面移至东北角，对一些破损围墙进行改造。1982年，采取公办民助、各单位集资的方式在园内新建了当时唯一的儿童乐园，在乐园内还立了碑记。在七阳山上重新建起了造型不同的亭子，筑通了七百七十多米长的环山小道。为便于管理，对通往紫石街的西南门给予封堵。名噪一时的"向阳花"艺校及部分单位也搬出了公园，1988年10月在艺校旧址上翻建了县政协联谊会。同年，由县民政局与县文化馆对钱涤根烈士纪念碑按原貌进行了修复，并请著名书法家徐穆如先生重新题写了碑名。1983年植树节，县、镇二级领导带领干部群众在七阳山上广植各种名贵花木近九千枝，新建了花房圃。1984年年底，为适应"园林应有山水"之说，公园部门对灯光球场的空地进行挖掘，改建成了荷花池塘，池塘周边曲桥通幽，假山林立，榭亭蔽日。1993年，在原公园商店的旧址上，重建了憩楼，为公园增添了喝茶观景、休闲纳凉的好去处。同年，公园开始实行门票制，由五角至后来的一元。门票一直沿用到2002年才废除。

由于连续几年坚持不懈的努力，公园方面在政府帮助之下，园林面貌得到全面整改，园内再次呈现出生机勃勃，百鸟争鸣的生态环境，奔腾澎湃的松涛声，优雅精致的山水景，给镇上群众带来了一种全新的享受。群众游园赏园的兴致被再次提高，园林的公众性进一步得到了全面释放。如今每周三有一场戏曲文艺演出，吸引着松陵及同里、八坼的群众前来观看，让群众在这赏心悦目的环境里得到视觉和精神上的满足。为了满足市民对园林日益增长的需要，另辟新地建造新公园便成了一项政府的重点工程。1993年年底，公园的管理部门成立了筹备组，并于次年在笠泽路与仲英大道处开工建设新公园。1997年部分建成后开园迎客。对于公园名称的起名，一度曾有过争议，最后定名新公园为"吴江公园"，而原来的吴江公园改名为"松陵公园"。

时光到了2000年，松陵公园配合城镇建设上的需求，再次对园内进行大

【左】1982年公园内的儿童乐园
【中】20世纪80年代的吴江公园
【右】2014年公园演出活动
【下】马常宏设计的公园门票

幅度的整改调整。把东北角的大门重搬回到了北面旧址处，后来改建过的儿童乐园也搬了出去。尤其把东面一侧的围墙改为通透式围墙并缩进两米，使得园内园外景色连成一片。园外可移步换景，园内则看车水马龙。

  1991年11月，中共党员张应春烈士纪念碑在公园内落成。2007年4月，费孝通教授的墓地在公园内落成。也许是天意，也许是巧合，小小一个公园内，竟容纳着三位对中国革命产生一定影响的人物：共产党党员张应春、国民党党员钱涤根、民主人士费孝通。从中我们可以看出，作为公众园林，它所具有的包容性，以及所展示出的博大胸怀。公园作为政府对公众的宣传阵地，每年清明，市民、学生进园扫墓，意义何其深远，这也是旧时公园与现在公园的一种无缝对接和延续。这更是松陵公园不可多得的一份历史遗产，这在县级公园内也是极为少见的。

  回眸松陵公园历史，从初建到现在的八十多年的沧桑变迁中，始终以公共性质服务社会、服务人民，始终由政府在建设在规划在管理，它所反映出的大众公共属性，是任何园林都难以比拟的。现在我们可以感悟到苍绿滴翠、林茂花繁、松林涛声依旧的公园的确来之不易。它虽然称不上是古典名园，但这是几代人为我们镇留下的心中的名园，是一份有形的宝贵财富。

西门电灌站与鲈乡北路

在松陵的城市发展中,向西拓展,是松陵迈出的第一步。通过流虹桥的改建、油车桥的重建及永康桥的新建,三桥贯通东西,城西面貌日新月异。西环路的建造,打造出了松陵老城区在拓宽城市进程中的新格局,在一定程度上为古城发展拓展了范围,打开了地域空间。

今天,我们再重新看待西环路(现称鲈乡北路)时,不得不提到西门电灌站,应该说,是先有电灌站,才有西环路,再有鲈乡北路。在此,我们先把西门电灌站说上一说。

在20世纪六七十年代里,松陵的西门外还是青翠的农田一片。以镇上人而言,吴江工商银行东南角处是西城门,所以对西门外的统称,一般是指流虹桥的西面。南至西门电灌站,北到永康路、油车路这儿,西面则纵深到部队农场靶子山了。当年这一带的公房不是很多,有进修学校(后改蚕种场,后又建外贸大楼),有县气象站(现国美电器店处),边上还有几间部队养马场的房子,有兽医站,还有一处就是西门电灌站了。

西门电灌站建于1956年,真正名称叫"西门电力排灌站"。当年吴江县电力灌溉工程处成立后，是全县第一座大型电力灌溉站，属于县内首批电力排灌工程之首，归县水利部门管辖，是新社会农村机电排灌、走向机械化的明显标志之一。它也是50年代农业合作化时期，轰轰烈烈搞水利建设最好的见证物。电灌站位于现人武部招待所的南面，坐南朝北，建在一小河的末端上空（小河现仍在，此河通向西塘河及吴江宾馆附近河道），电灌站下面的水池、大小渠道都是人工挖掘出来的。在计划经济的年代里，西门电灌站承担着湖滨公社几个大队的排灌任务。2008年时，笔者曾走访了20世纪50年代末进西门电灌站工作的胡金龙老先生，他目前仍住在西门电灌站附近。

健谈的老人向我叙述着电灌站的一些旧闻轶事。他说，电灌站的配制建造在当年是属高规格的，由国家投资，至少要保证五十年使用寿命。仿苏式的外观建筑，红砖加白水泥的色彩在农村是格外亮丽和引人注目，房子的质量是绝对可靠。电灌站由机房和蓄水池组成，机房内有两座机泵，也是仿苏的直立式轴流泵，型号为PV5，两只马达都是六十匹。机房外则是一个"凸"形的蓄水池（初建为方形，为节约能源又改建为凸形），池面积约有六十平方米，机房通往水池有两只铁盖，水冲出时铁盖一掀一掀的，甚是好玩。蓄水池周边有东西北三座闸门，分别通向二长一短的渠道，北向渠道就是现在的鲈乡北路，从双板桥路口一直向北延伸；西向渠道就是现在的双板桥路，通到仲英大道后往西南方向而去。还有一条短渠则通往东面西塘河（该段渠道目前仍在），此渠作用在于，田间的水量一旦多了，就排至沟河，再通过机站排到市河里，起到了排涝的功能。

被业内人称为"老法师"的胡先生说，西门电灌站管辖着石里、梅里、吴新等五个大队的田间排灌工作，称为一个灌区。在这五个大队的大包围中，北渠最远的水要送到瓜泾口那里，西渠最远要送到朱家坟、马鞍那一带。对于排灌的时间如何确定，费用怎么结算，胡先生说道，这里面都有科学讲究。当时，每个生产队都有放水员，每个大队有一个灌区主任，整个灌区还有一个大主任。通过放水员的统计，计算出田间的用水量，再层层上报到电灌站。站里根据数据，再计算出打多少水、打多少时间。如遇下雨排涝，也是一样统筹的。至于电费成本，则根据相应的田间亩数，推算出用

（排）水量，进行核算，并通过合作社划款。机站工作人员一般是两人，每年的4月底5月初要开始灌溉，而排涝则是一年四季进行的。冬季如有空闲，还要检修机泵设备、闸门等。在电灌站和渠道的建设上，也是有科学性的，机站蓄水池要有高度，才能带来一定的水压。大渠道称为干渠，下面再分有支渠、斗渠、毛渠不等。一条斗渠基本上能灌田一百到三百亩。各渠口均有闸门控制。当西渠、北渠在跨越河流时，凌空而过的渠水是通过木质渡槽解决的，这样既解决了槽上行走人的问题，又保证了槽中渠水流。

每当到了夏季，繁忙的西门电灌站便成了孩子们的乐园。蓄水池犹如一个天然游泳场，在深约一点五米的蓄水池里游泳、嬉水、打水仗几乎天天上演，更有会玩的小孩，随着渠道闸门的开放，顺着急湍的水流，畅游而下，较起现在的冲浪，那时的玩法才真正过瘾。水池里不时也有被机泵打碎的鱼块泛出，引得小孩一阵哄抢。庆丰桥一带的居民时常也会来此处洗衣赏景。渠道边的农田，更是城里孩子接触农村的最佳捷径，捉虫、摸蟹、钓鱼、挖泥鳅等都在这一带，西门电灌站带给了那一代人好多好多的童年记忆。

随着吴江城市化向西推进的步伐的加快，西门一带的农田逐年减少，渠道也在萎缩。到了20世纪80年代中期，北渠被彻底填平，改建成了西环路，

【左】当年西门电灌站旧影
【中】如今被围在居民房中间的电灌站旧房
【右】20世纪80年代初渠道仍在的西环路旧貌，现是苏宁电器门对面

现称鲈乡北路。西渠则改建为双板桥路。几十年下来，电灌站周边已是高楼林立，通衢广陌，再也难见一寸田地了，昔日的田园风光，成了今天的城市中心。由于短渠功能尚存，所以早年的蓄水池仍在，只是被覆盖了。当笔者再次拐弯来到那条短渠时，熟悉的驳岸、熟悉的沟渠、儿时的记忆刹那间一起涌出。而今这短渠成了镇上二级排涝（松陵城区大包围为一级排涝）的一个点，负责西南片的雨水、污水排涝。在原电灌站的南面五十米处新建了排涝灌站。有网友说到红房子电灌站之所以没有拆掉，有两个原因。一是西门外农田逐年变成城区后，电灌站承担起西门外城区河道的排水功能。二是新排水站造好后，老电灌站已被新房子包围，逃过了拆迁。网友认为，西门电灌站应该作为松陵地标性文物永久保存。

　　回望西门电灌站那暗红色的房子，再来看看如今的鲈乡北路，这里的天壤之别真是令人难忘和激动。由于松陵城区向西拓进，在这渠道上新建的马路位于镇的西面，就被命名为西环路。西环路的形成，带动了沿路地段的房产店面开设和商品房的开发。在路的西侧新建了明月楼、物资大厦、税务局大楼、财政局、石油公司等。对原体委训练班的房子进行改建，先为联华超市，现为苏宁电器门店。在路的东侧新建了商品房及一些店铺，以满足市民的需求。随着开发力度的加大，西环路成了松陵古镇区当年最新发展的亮点工程，打造了西部繁华的标志性地段。由于城市拓展建设的需要，西环路这一带有地域性的称呼已不切合实际了，在90年代末，西环路正式改名为鲈乡路，后来再分为鲈乡南路与鲈乡北路。当年在鲈乡北路供电局旁还有标志性雕塑，也在2005年6月被拆除。

　　一座电灌站和一条鲈乡路，它们分别见证了松陵镇在两个不同时期的巨大变化，也留下了许多让人回味的东西。电灌站是20世纪留下的为数不多的一座标志性建筑，是一个时代的烙印。渠道是农业生产的一个风向标，是农作物丰收的保证。今天，让我们再次解读它们的存在与延续，也许会从中领悟到一些松陵发展的奥妙所在和一丝宝贵的记忆。

松陵至苏州公交站的四次迁移

2007年6月1日起,松陵至苏州的公交客运班车从市区西门物贸大厦迁移到了鲈乡南路奥林清华公交首末站。这次公交汽车站的迁移,又一次勾起了老松陵人的回忆,从车站的几次搬迁中,我们可以看出,车站的每一次搬迁,都与松陵城区的发展休戚相关。

若追溯松陵与苏州的交通往来,仅从两地间开办城市公共交通汽车那里,就能窥测一二了。

松陵与苏州近在咫尺,因而去苏州办事、购物、看病等机会特多。随着交通的发展,20世纪70年代仅有的长途汽车站班车已不能满足群众日益增长的需要,公交车运行、车站点的建立关乎民生大事,市政方面

三角井土产大楼前的露天汽车站

也在寻求一种解决之道。1977年起，苏州地区各县纷纷建立县汽车运输公司，开辟支线经营农村公共汽车客运，出现了地区和县级企业共同经营、联合经营的局面。到了1981年的时候，松陵便尝试着与苏州开出了试点区间车，松陵站站点则设在吴江人民医院东北角处的北新路与公园路路口。不久，站台点搬到了公园路上吴江县乡镇企业局的南侧、县卫生防疫站的门口。这两个临时站点，开启了松陵到苏州的方便之门。

1984年8月，江苏省汽车运输公司苏州分公司和吴江县汽车运输公司在原来联营的基础上，双方投车入股组建县农村汽车联营公司，具体由苏州营业处承担了吴江（松陵）至苏州的客运。1985年起，松陵镇终于首次等来了较为正规的苏州直达松陵班车。当时的车站点设置在市区三角井土产大楼边的人行道上（今三角井西对面），几排铁钢管组成了"回"字形的、利于排队的围栏。由于当时城区较小，三角井一带又是闹市中心，出脚也方便，所以去苏州的人开始多了起来，时常出现排队候车的状况。尽管是露天的站点，但下雨、风雪、毒太阳都挡不住人们去苏州的脚步。至1985年6月份，苏州吴江两家公司分开，运营权归苏州方面，日发班车二十六对。

那段时间里，吴江县饮服公司利用三角井的地利优势，借助松陵站隔壁的鸿运楼饭店成立旅游服务社，开辟了松陵至上海、盛泽、苏州三条定点线路，上下车站点也在三角井。三角井站点就像上海人民广场那样，正宗属于那种"马路车站"。

到了20世纪90年代初，松陵进一步打造城区形象，加快小城镇的建设步伐，周转繁忙的三角井再也不适应汽车的来来往往，汽车站点搬迁到了西城门外。那时吴江物贸大厦刚建成，周边环境比较宽松，何况市区建设正朝城西方向推进，车站的选点也适宜当时的发展规划。只是刚刚搬过去的时候，群众还不大适应，乘车去苏州的不是很多。但随着时间的推移和松陵城西日新月异的变化，西门那里企事业单位、商品房也多了起来，这"西门车站"的名声逐渐深入百姓，受到了群众的广泛欢迎，成为松陵通向外埠的另一个窗口。

这个车站点的建成，其状况比三角井站点稍好，在逐步完善的基础上，添置了遮雨棚，以及候车凳子，不仅有售票窗口，还有了班车时刻表，虽然环境仍有些简陋，但规范的发车时刻，让人们感到心里踏实有底。像模像样的车站，俨然成了松陵人去苏州的首选之地，风光了好几年。其间，班车的运营权又发生了变化，到2003年10月，松陵至苏州的班车直接归吴江市客运公司管辖。

因松陵城区飞速发展以及车辆的激剧猛增，西门这个原先宽畅的站点，无意中却成了道路交通上的一个障碍点，影响着周边的环境与秩序。真是"计划赶不上变化"。为了解决这个问题，也为了服务于更多的百姓方便乘车，有关部门作出决定，将西门车站搬至市区鲈乡南路奥林清华站。

2007年6月1日，松陵新站点——奥林清华公交首末站首次开出第一辆班车，班车一路北行，顺便在丽都花园、水乡花园、市供销社联华超市等设立站点，极大地方便了市区西南侧一带百姓的乘车需求，受到了沿途群众的欢迎。新建的公交首末站，候车室约五十平方米，干净明亮，设有多处候车凳。售票、候车、上下车全在站内"一站式"完成，根本不影响外面道路交通，也给了乘客一个良好的候车环境。2008年笔者来到市客运公司，据公司副总徐先生介绍，松陵开往苏州的班车有五十九辆，而苏州开往松陵的班车

【左】当年西门外汽车站站点旧址
【右】如今奥林清华的公共交通枢纽站

却多达七十一辆。徐先生说，只是目前车站刚搬，不少人还不知情，这中间有个适应过程，他希望大家相互转告一下，共同把这趟班车办成真正为松陵人服务的一个明亮窗口。

随着时间的推移，奥林清华公交首末站的区位优势、客运功能逐渐多了起来，适应了更新形势的要求。2009年6月11日，奥林清华公交首末站开出了两条"城市彩虹"公交专线，一条向南直抵盛泽重镇，一条向北直达苏州客运西站（苏州乐园）。两条"城市彩虹"的开通，实现了吴江城乡公交对松陵城区、盛泽城区，以及苏州主城区、吴中区和高新区五个城区主要商贸区域的全面覆盖，实现了与盛泽、松陵、苏州解放西路公交枢纽站、苏州轨道交通1号线的无缝对接，满足了三地居民高效率、便捷化、零换乘的出行需求，进一步凸显了吴江与苏州两地的同城效应，成为吴江城乡公交发展史上一个新的里程碑。两线车辆平均间隔时间为二十五到三十分钟。

三年过后，吴江撤市建区，并入了苏州市，两地居民要求互通公交的呼声日益高涨。"松陵—苏州城际公交改造方案"随之出台，经两地交通运输部门多次反复现场查勘、优化方案，于2012年12月12日由新组建的吴江彩虹公交公司正式开通苏州至吴江3条公交线路，分别为：吴江客运站至苏州火车站的91路，吴江奥林清华枢纽站至苏州汽车南站客运站的92路，吴江奥林清华枢纽站至苏州汽车西站客运站的93路，松陵居民将享受与苏州公交同城效应。可见，松陵站点（奥林清华公共交通枢纽站）在这里发挥着举足轻重的作用。

松陵车站从早年北新路口简易棚到现在的奥林清华公共交通枢纽站，四次迁移，四次壮大。车站的一路走来，既让我们看到了客运交通的升级换代，更让我们见到了松陵城区的发展。一滴水能见太阳，一个站能让我们可以看出松陵镇发展变化的一些轨迹。

盛家库李宅

有着两千多年历史的松陵镇，自开埠以来，古迹多多，胜景不少。既有幽幽的深宅大院，也有散居在小街小巷内的民宅平房，松陵与其他江南古镇一样，几乎沉浸在浓郁的粉墙黛瓦之中。著名的一桥一街垂虹桥和盛家库，始终依偎在古镇的东南，成了松陵镇的另一张名片。

自清代以来，由于连遭战乱，特别是太平天国"江震会战"，盛家库的房屋基本毁尽，因而留下的建筑，也大都是清末同治、光绪年间修建的，基本上没有深宅大院。到民国初年也建了一些房屋。这些房屋傍水而建，依街而筑，大部分房屋是前店后坊或下铺上房简陋的商家房屋，构成了独特的水乡风貌，也形成了特有的商业氛围。明嘉靖后至清咸丰十年（1860）间的三百多年里，盛家库老街始终是县城的主要商业街区，也是松陵三大集市之一，同时也是太湖进入吴江城之前的一块便利跳板。这里曾开设轮船码头，上上下下的旅客使这里极为热闹。

时至今天，走在盛家库老街上，老房依旧，风韵犹存，多少能感悟到一丝久违的气息。

李宅外貌

从航前街到湾塘里，再到盛家厍，在这片老东门区域里，能反映历史年代的且房屋品质较好的老房确是凤毛麟角，为数不多。当我们来到盛家厍老街，总会登上泰安石桥，眺望四周景色，老街、老房、新开河（旧称烧香河）尽收眼底。但毋庸置疑，桥北下的那幢二层楼民房——李宅，的确为老街撑起了一点脸面。此房紧挨泰安桥北塊，大门面向朝东，南侧大片墙立面衬托出石桥的身影，无意中也为摄影爱好者提供了老桥老房的最佳景点。

在2013年12月的一个初冬中午，我慕名叩开了李宅家大门，李家主人李小弟夫妇正在宽敞的厅堂里午餐，女主人陆女士与我母亲是镇上老熟人，颇为熟悉，他们得知我的来意后，欣然移步与我聊了起来。望着气势不凡、三开间扁作梁雕的老房旧厅，我的心突然变得安静了起来。我们的话题便从这老房开始。

这是坐西向东的二层二进大宅院，属江南典型的前店后宅式的民居形制格局，房屋宽呈三开间，进深达六檩，是李先生的爷爷李云华在1924年至1925年间建造的，二层面积约有四百多平方米。说起爷爷李云华的创业史，李先生夫妇都是满怀敬意，"那时我爷爷虽说是开肉店的，但极少吃肉，偶尔也只是吃些下脚料"，"爷爷这一辈老人就是靠勤俭节约，一点一滴创下了这一份家业的"。谈及爷爷的治家经验，李先生说起一则故事：当年爷爷在同里、吴江（就是现在这座）各置一套房子，在把房子分给儿子时，特意把两座房子的各一半分给两个儿子，我父亲是大儿子，当时还请中人立下字据，以致相互牵制，不得出卖房屋，唯有这样，家产才可以延续传承下去。从这点可以看李云华在治家中，的确有一套办法。

  老房的东门面，先后经营肉店、腌制品类、篮筐篓竹器、豆腐店等。在泰安桥南面盛家库另开有"南三兴肉店"，与城里北塘街上开的"北三兴肉店"形成规模态势。当李云华把家产店铺移交给大儿子李家驹时，正赶上新潮机械涌进吴江的时光，李家驹把新的经营理念与科学方式也融进了具体的商业运作中去，在绞拌磨研豆腐时，李家驹摒弃了传统方法，开始使用上了马达传动装置，提高了工效和产出。新旧观念的碰撞，可以看出两代人的不同思想和做法。李家还拥有了吴江城内第一台电话机，并在家里很早就用上了电灯。

  20世纪50年代，在社会主义公私改造阶段中，私营业主全部关闭。李先生的父亲李家驹则进了镇上大集体的肉店，自家就不开店经营了。而母亲则操劳家务，带养小孩，相夫教子，靠出租部分李宅房间的租金度日。"文革"中时局发生变化，1972年间，根据当时政策，房管部门把李家出租的部分房屋收为公管房，导致一座老宅有了公私两个东家。在错综复杂、人事更迭的交替变幻中，李家难以要回一幢完整的祖传李宅大院了。但是在李小弟的手中，始终紧紧攥捏着爷爷留传下来的完整的分家文书，包括税票凭证等。

  来到一进与二进之间的天井里，地面上铺着硕大的石板，彰显着一种家境殷实的状况。尤其是那一座砖雕门楼，更显出了无比的庄重和气势，门楼上有一些浮雕佛像图案，右侧一根垂花篮构件上的图案已经脱落。但是，门额中的四个大字"蹈履中和"清晰，四字采用传统的隶书，字体线条浑劲敦厚，给人以凝重而又端庄之感。细看题额落款署名：李涤，这让我惊讶不已。因为李涤留在吴江的，除了部分的书籍杂志和书法作品外，其他实物几乎没有。更奇的是，一位民国年间的名士骚客怎么会与一位肉店老板结下了笔墨之缘的呢？

  几经查阅资料和走访老人，一位人物和一些线索也许能给这段奇缘以一

【左】李涛为李宅所题的"蹈履中和"门额
【中】李涛应杨雪门所邀为《江上春萍》杂志题字
【右】杨雪门

第二章

个较为满意的答案。

20世纪20年代初,活跃在吴江文化界的新秀杨雪门已声名鹊起,他于1924年发起成立了吴江国民党第一区(城区)党部,是党部委员。杨雪门在政界、文化界都有人脉,与柳亚子、陈去病、范烟桥、陈伯吹、陈鹤琴等名士素有交往,是难得的一位青年才俊。杨雪门父母早亡,而杨家与李家是亲戚关系,杨雪门早年在求学期间极有可能受到了李家的眷顾。到李家驹这辈人就称杨为娘舅了。当年李小弟的叔叔李家骅(李诚)离家出走时,也是经杨雪门指点后投奔了新四军。前面说到的请中人立字据,中人就是杨雪门。可见,杨雪门与李家的渊源的确是由来已久。

鉴于杨雪门的社会活动能力和他好学上进的秉性,他与李涛的密切交往也是顺理成章。杨雪门早年诗词作品有《虞山游草》《程门立雪室漫草》《逍遥集》等,小说诗歌等其他作品散见于《晨光》《吴江》《余光》《新黎里》《江上春萍》等报刊上面。柳亚子诗集中也有诗《赠杨雪门》:"革命成功日，酬君酒一瓯。"1924初年，杨雪门等十五名校友在吴江鲈乡亭创立文艺社团"余光社"，兴办《余光》月刊。后停办，他们又以古人温庭筠"江上几人在"、陆游"迹似春萍本无柢"等诗句，接着新办了《江上春萍》杂志，柳亚子和范烟桥先生被聘为名誉编辑。吴江县立中学国学导师王怒安非常欣赏这批年轻人的情怀和抱负，受邀为之作序。与杨雪门素有交往的吴江名士李涤也欣然接受了邀请，于4月11日为新刊物撰写了《祝词》一文："想到'会文切理'暨'殚见洽闻'那两句话，觉得可以借来持赠，藉表祝词……"更为难得的是，李涤还为《江上春萍》题了刊名，为刊物增色不少。那时，好学的杨雪门还在研究《说文解字》和篆刻，而在书法篆刻方面，杨雪门也是在跟李涤学习。

李涤，字汝航，号散木，湖南湘乡人。出身书香之家，自幼受到良好的教育，博学多才，诗、书、画、印均擅长，尤擅隶书。他1916年来到吴江，在吴江县署警察所担任警佐职务。在《新黎里》报被控案中，他深入调查，主持正义，获得了柳亚子等社会进步人士的褒扬。他喜欢结交吴江文化界人士，并很快为吴江文化人接纳。1917年经柳亚子介绍，加入了南社团体，入社编号为995，是南社中的著名书画家。1927年3月，他代理吴江县知事。李涤在吴江工作生活长达近二十年，与吴江文化界名流结下了无比深厚的友谊，并留下了许多宝贵的诗篇墨迹与丹青。如传世于今的《华严塔景垂虹桥》照片，就是李涤题字；《分湖旧隐图》《兰臭图》《盛湖竹枝词》《浩歌堂诗抄》等书籍都是由李涤题名的，有些还绘有册页。李涤为人正直，乐于为人题词书写，吴江众多的文人雅士大多乐于与他交往，以得到李涤的书画为荣。

1935年李涤离开吴江到上海中华银行任秘书，为协助中共地下党做了一些有益有工作。新中国成立后，任大连港务局秘书处处长、港务局业余中学副校长和大连市首届政协委员（教育工作组副组长）等职。1958年受"右派"冤案牵连，于1959年去世。如今吴江区公安局、吴江区政协文史资料都记录了李涤的业绩，吴江博物馆、柳亚子纪念馆收藏了李涤的多幅字画。大连政协也有《李汝航同志早年就是党的忠实朋友》等纪念文章。

从以上我们可以看出，青年才俊杨雪门与柳亚子、李涤等吴江名士交往颇深，深得柳、李的赏识。同样，受李家之惠的杨雪门，在李家大兴土木建宅院之际，代李家出面向李涤求字，也恰在情理之中。所以，从多方证实和推测，李涤为素不相识的李宅题字是完全有可能的，这也是杨雪门为李家留下的一段佳话。

当然，盛家库李云华的祖上也不是泛泛之辈，而是名门望族。万历年的李周策官任礼科都给事中、会试考官、都察院右都御史兼兵部左侍郎、钦差巡抚总督两广军务。另有李寅、李重华、李治远等都是在文学诗词上有相当造诣的人士。2006年去世的李鉴澄更是新中国近代天文学的奠基者之一。直至后来，弃文从商也许是李家后代的另一种选择，只是受家荫庇护，营造高楼大院仍是李家的一种夙愿。

回到泰安桥上，回望李宅老房，我的心不免有些沉重。在盛家库为数不多的旧房中，李宅竟没有列入控保范围，而有着传奇故事的南社社员李涤所题写的门额，也没有被相关部门重视和保护，任由风吹雨淋。

一座老房、一座门楼、一处名人题字的砖刻，引发了松陵人几多感慨。当盛家库即将迎来历史文化街区的机遇时，但愿李宅老房能为这契机做出一点贡献，也让南社社员的真迹为更多人了解和熟知。

奇特的四角桥

在松陵农创村，有这么一座农用拱桥，它造型独特、构思巧妙、呈"X"形，横跨在十字形的河道上，历经风雨四十多年，至今仍是桥身硬朗、风姿绰约，成了农创村的一大亮丽景色。

桥是广大农村的重要组成部分。在江南水乡，江河湖泊众多、沟渠纵横，跨在水乡间的一座座农村桥梁就成为当地居民与外界的重要通道。而农创村这座奇特之桥，在广袤的农村桥梁中却极为鲜见，在吴江及周边地区也难以找出第二座这样的桥梁。出于好奇和探秘，也为了弄清此桥的来龙去脉，笔者在2015年一个隆冬的暖阳里，走进了一位睿智的长者家中，听他说说那桥的来历。

他叫张连官，退休前是松陵镇水利站副站长、水利工程师，他1974年进入水利系统工作，作为一名早年的八坼水利站赤脚水利技术员，四十年在田间的摸爬滚打，经历了无数次的农机水利建设与变化，参与了众多农桥、水闸、涵洞等水利设施建造，更是见证了吴江水利由弱到强、由少到多的演变历程。因此说，张工对他所经历过的水利工作了如指掌。对于农创村的那座四角桥，由于构造上的奇特，他更是记忆犹新。

1975年间，农创村当时还叫农场大队（1960年由四个生产队和一个养鱼队组成了吴江县农场，1963年改为农场大队，1979年改为农创大队，现为农创村），时值农业学大寨的热潮席卷全国大地，水利是农业的命脉，水利工作更是关键。运动中吴江县参照各地经验，需要设立一个点，树立起标杆典型，最后选中了具有二级核算体制的农场大队。为了学好大寨，树好典型，县里的农业局、多管局、水利局等多个部门在农场大队掀起一股建设热潮。水利局则大搞水利基础建设，前后花了三年时间，开新河、填老河、挑高填低平整土地、开港、开沟渠，在农场大队搞得红红火火。当时按规划将那里的山荡湖一分为二，北山荡改为农田，南山荡继续养鱼。而在北山荡处，动作最大的是开挖了两条呈东西、南北走向相交的港河，名为东西新开港和南北新开港，当地人亦称"十字港"。河宽均为十三米左右，为疏通区域水流、灌溉排涝起到了决定性的作用。

两条呈十字形新开港的建成，把土地一分为四，虽然为水利带来了便利条件，但是带人们的出行耕作、交通往来带来了意想不到的麻烦。在这里，按常规要建造四座桥梁才能沟通四个方向。鉴于当年国内农村情况，农村大

【左】俯瞰四角桥
【右】远眺四角桥

部分乡道（公路）桥梁基本上都是水利部门所修建的农用桥，所以我们吴江的所有农用桥也是由各地水利部门承建。当时领导认为建四座桥既费时，又不好看，遂决定造一座桥来解决通行问题。为造好此桥，他们成立了技术组，全面负责桥梁设计、放样、施工。当时江阴县华西村刚建好一座四角桥，也符合农村十字形河流的桥型要求，但体形较小。于是技术组几次赴华西村，借图纸，看结构，量尺寸。取经回来后，勘查现场，根据农场大队的实际地形要求设计桥梁图纸，看书学习，技术攻关。经过一段时间的前期周密准备工作后，于1976年的春季开工建桥。而桥的大梁及横梁、拱板、铺板等水泥预制构件，则交由吴江青云桥梁预制场制造。

这类四角拱桥相对于单孔拱桥来讲，建造中的难度更大，桥型跨度也比华西村的桥大，何况在70年代中期机械施工设备并不普及的、基本上靠人力解决的情况下，其中的困难程度是可以想象的。建桥的人员大致分为三块：小工由当地社员承担，技术工（包括石匠、泥水匠等）由镇上派遣，技术组仍是四人。经过精确测量、挖坑基、浇筑混凝土底板、精确放置四组对角台帽等一系列工序后，上桥梁的大戏正式开始。他们集群众智慧，因地制宜土法上马，四座桥基边同时采用四条船上绑木杆，木杆顶端绑置葫芦，通过手拉葫芦吊装桥梁。施工中，由于四根桥梁分别从四只台帽上同时起吊，一端连台帽，一端伸向空中，在空中与另一只中心台帽的四端连接，所以这里的精确度、水平度还是很高的。他们一方面严格控制着船的平稳，另一方面对四方合龙的拱形桥梁进行镶榫后电焊焊接，经过默契配合、连续奋战，他们终于一气呵成地完成了大梁的四方连接工程。张工说，那段时间里，他们真是干得很艰苦，因为吴江没有经验可以借鉴，每一桩事情、每一张图纸、每一道工序完全是靠自己摸索出来的；在人力、材料物力上，基本处于半机械状态，仍需大量手工劳力给予辅助。条件与环境虽然艰苦，但他们干活还是挺欢的，农业学大寨的时代氛围和标杆典型的旗帜一直在激励着大家。

"X"形大拱桥梁接通后，接下来的事就好办多了。四端建造肩拱、铺设栏板、桥面板，挑土筑桥坡等，经过半年时间的奋力拼搏，一座崭新的农用四角桥耸立在了农场大队新开港的交叉处，为社会主义新农村建设增添了一个新的亮点,更是为吴江水利建设树立起了一根标杆。该桥不仅解决了因河港而割成四个方位之间的交通问题,而且极大地节省了人们出行成本和原本造四座桥的经济成本,在形态上也符合社会主义新农村建设创新的要求。

  新建成的桥取名为"农场大桥",桥上镌刻的四个大字选用了风行的"毛体",桥栏板上还有海鸥搏浪的图案,体现着那个时代的农创人满怀信心、不断拼搏的精神风貌。由于此桥通向四方,故当地人也称它四角桥。该桥长度分别为十八米,桥面宽约三米,距河面净高五米。那时处于计划经济时代,工农业产品流通量也不大,桥梁荷载设计值相对较低,承载能力三至五吨。四角桥的架通,给当地带来了很大的便利,再加上一桥通四方的独特性以及拱形的优美形象,该桥受到了农场人的广泛喜欢。张工说道:"在我参与建造的一百多座农用桥中,这座桥是我最最难忘的一座桥。放眼吴江所有农用桥,这是绝无仅有的一座四角桥。"据笔者了解,当年华西村的那座小型四角桥,早已消失在农田之中了。

  回顾建桥历程,张工感慨万千,建桥不易,建四角桥更不易。一座桥凝聚了一批人的心血,反映了一个时代的特征,更反映了吴江水利人不畏艰难、敢于创新的开拓精神。如今,桥还在,绿水依旧在流淌,四岸依旧是农田农户相望。农创村书记钟阿二说,现在他们正在开发乡村旅游,这座难得少见的四角桥,是农创村的宝贝,他们不但要保护好,还要开发为旅游亮点,让这座独特的四角拱桥为农创再立新功。

  面对这座奇特之桥,笔者除了赞叹之外,更为它的未来充满着希冀,在吴江丰富的桥文化中,在近代桥梁史上添上一笔,这也许是我的奢望。

三访南库

最早听说松陵太湖边上有个南库小镇，是我在孩提的时候，因我父亲是吴江县邮电局话务员，他一人承担着全县的电话、总机的维护维修工作。南库曾多次留下了父亲的足迹和汗水，同样也为我留下了一个村镇的轮廓和一些故事。后来我结婚了，又多次听到爱人的祖父谈及南库，老人年轻时跑江湖演戏，在南库多次开堂名唱宣卷。因技艺较精，有一次被太湖里的便衣队（国民党）看中，要拉他去当勤务兵，吓得他连夜就和师傅逃离了南库。新中国成立后，祖父所在的吴江县锡剧团也在南库演出过。至于对南库的风物人情，例如野味、水产、时新蔬菜等，两位老人都是赞不绝口。

别看南库是个小村落，历史上可是繁华之地。有明清诗句为证，"客来增鸭闹，市小集鱼喧"，"孤村渺渺具区东，蟹舍鱼庄趣莫穷"，描写的都是南库的风貌情趣。虽然交通不便，神秘的南库却一直在吸引我去一睹她的芳姿。为了对南库有一个更深的了解，在1987年一个春季的早上，我和设计室的徒弟两人背上画夹、蹬上自行车，就直奔南库而去。

一路上，泥路弯弯，田野风光尽收眼底，南库方向只知大概，所以我们

【上】南厍风情
【下】永宁桥上的"禁止捕鱼"四字

逢人停车，见人问讯，一个多小时后我们见到了心仪已久的小镇外貌。踏入南厍街道，那种纯朴的乡情扑面而来，街道边的早市还没结束，沿街摆放着许多待卖的货物。这里还真是像模像样的一个"镇区"。人们用异样的眼光注视着我们。除了当街摆摊外，还有茶馆店、理发店、杂货铺、馄饨店、铁匠铺、肉店等，我们从港南到港北游历了一圈后，就分别找了适当的位置开始了写生作画。

一幅画画下来，已到中饭时分。我们就挑了个事先看好的馄饨店，进去后点了两碗馄饨和一些糕点。这里的馄饨还真与平常吃的不同，馅鲜皮滑。邻桌的当地人很健谈，我们从他那里得到了不少南厍的民风民俗的信息。下午，我们又画了一些速写，悠闲满足地起程回松陵了。

2002年夏，女儿结束了繁重的初中学习生活，我决定带她去农村看一看，了解农村面貌，首选地便是南厍。那天，我驾着轻骑摩托车载着女儿，沿着刚建成不久的机耕道，驰往南厍。那时南厍的公路还没通，只是路面比以前拓宽了许多，路上多了一些煤渣似的东西，公路的雏形正在形成。到了那里，早市已快结束了，街上的人气明显不如以前，沿街的店铺也少了些，新房增添了不少。

我发现，南厍人不再用那种惊奇的眼光关注我们，大概他们已经见生不怪了。或许，改革开放的春风正缓缓地吹到了这里，新人新事新物在南厍不再显得新奇。女儿对南厍的特产、父辈们的故事、镇上的古石桥并不感兴趣。港南我们没去，因为隔港而望，那里似乎已不值得去了。来到街的西埠头，船也没见几条，歪七竖八地散懒地睡在港湾里，颇有萧条之感。

在回松陵的路上，我的心里似乎失落了很多东西，原汁原味的南厍风貌正在渐行渐远。

2008年8月8日，我随松陵垂虹文学社的文友们来到南厍，这已是第三次到南厍了。走进古村道，民风仍是那样纯朴，阿华的一位亲戚，好客地递烟沏茶，最后端出了一大盆的西瓜让我们品尝。一路上只要我们询问点东西，村民们都会毫不保留地指这指那告诉我们。

在民国23年（1934）重建的永宁桥的边上，我忽然发现，桥顶的石围栏外侧上镌刻着四个大字"禁止捕鱼"，下面才是桥名——永宁桥。经过岁月风雨的侵蚀，有两个字已是斑驳不清。见我对这四字有所不解，桥埭一位姓尤的阿婆告诉我，南厍这里世代以捕鱼为生，可不知何时起，一些人便萌生出偷懒之招，把石灰撒入河道，将鱼儿从河边的石缝、水草里呛出来。殊不知，石灰对石驳岸、对石桥有着极大的破坏性，危害着桥的安全。所以地方上便勒石为记，警示后人不得用石灰捕鱼。原先我只知有桥联，而今得知还有"桥禁"，真是一大收获。

采风中，我问几位在杀鱼聊天的村民近年村里有些什么变化。他们笑着说，年复一年地住着，也没什么新感受。我说：每家门口的垃圾箱不就是么，我以前来时可没见过。村民们一愣，随即哈哈大笑。新习惯的方式一旦融入了他们的生活，也许就熟视无睹了，倒是外人看来还是新鲜的。街上转了一圈，以往的早市已落市了，几家固定摊位上仍有一些蔬菜、条肉可卖，那家年代长久的供销社下伸店仍在营业着。弯弯曲曲的街道上，先前七高八低的砖路已全改成水泥路。当要离开时，那阿华的亲戚在炎热下又端着一大盆西瓜在村口候着我们，其情其景，真让我们感动不已：南厍人的纯朴好客，真是没说的！

三到南厍，让我领略了各个时期的南厍风貌，对南厍有了更进一步的了解。由于其地理位置的特殊性，南厍在古时被称为简村，早在明清时期简村就被文人墨客拍案吟唱着，留下了许多脍炙人口的篇章，道尽了南厍的千古风流。明代陶振的《松陵八景》中，更是诗意化的写道："回首简村凝望久，不知明月挂垂虹。"因而到了2005年，苏州市公布第一批控制保护古村落名单，南厍入选也就不足为奇了。

　　这次采风中我了解到，南厍正在着手对古村落的进一步保护，除了现有新农村的规划建设外，对古村内的廊棚、茶馆、民居、古驳岸、古桥等都划定了保护区域，并在规定区内不允许原地翻建房子。我相信，南厍的这些举措，正是对历史文化的最好保护。

洗马池

　　说到松陵镇上有个洗马池,也许很多中青年人都不知道,也不清楚在什么地方。这也缘于该池当年没留下什么文字记载,或是值得留恋的东西。若翻开20世纪七八十年的松陵地图,那一汪清水的洗马池其大小形状、方位地址,还是很清楚的,它就位于松陵旧城内的东北角,小园弄东端。后在洗马池旧址上新建了吴江工人文化宫,成了松陵人一个欢乐的乐园。

　　记忆中,在工人文化宫之前那里是一大片荒地、芦苇荡与池塘,有少量住房,马蹄形的洗马池颇显得有些荒凉。洗马池中的水来自南面东河头,东河头是一条南北通向的小河,南接宝带河(也称后河),北至洗马池。河上有惠民桥、红桥。60年代初,东河头填平,北端改为天鹅弄(弄边有小天鹅电影院),南端划进了医院范围,洗马池也就成了一潭死水。至于那里为何命名洗马池,目前也没有详细的资料说明。

　　应该说,洗马池是吴江城内最大的一只池塘,丰富的水资源也给那一带的桃园、蔬菜的种植带去许多便利。洗马池的名称虽找不到出处,但在志书却看到些痕迹。嘉靖《吴江县志》、乾隆《震泽县志》中在疆土、地理篇章中，都提及洗马池。"后河自治安桥（今仓桥）东流，过城隍庙稍南过重庆桥（今斜桥），又有城东北一隅洗马池水来会同过太平桥（今富家桥）出小东门。"虽说在志书中是片言只语，但在松陵邑人费善庆先生1927年撰写的《垂虹杂咏》中却有一首《洗马池》诗，记录了一些当年状况。诗写道："当年池水自潆洄，杨柳荫中洗马回。闻说鲫鱼乌背好，几多名士过江来。"费善庆还在诗句的后面作了注解："按池在城东北，隅属后河支流，相传池产乌背鲫鱼，较胜他处。"从这里我们可以解读出，池的方位在城东北，是后河的一股支流，当年池水清滢，在树荫之下洗涮马匹是件快乐的事。而且传说池中盛产的乌背鲫鱼特美味，比其他地方好吃多了，引得许多名士渡过松江来食脍。也许，这首小诗是对洗马池这一区域的最早记录了。

同样在民国24年的松陵镇地图和1949年的军用地图中，都标明了洗马池、东河头的方位，以及池形与河流形状，这与古代的地图几乎相同。

据悉新中国成立后，早期松陵镇工人俱乐部就在洗马池那里的几间旧房里，1953年成立的工人俱乐部组建了乐队、腰鼓队、文艺宣传队和乒乓球队、篮球队、象棋队，办图书阅览室，出黑板报，开展丰富多彩的文体活

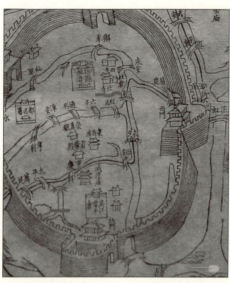 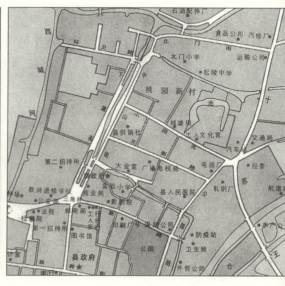

【左】洗马池方位图
【右】20世纪80年代初，松陵镇地图中仍标有马蹄形的洗马池方位

动。"文革"期间，工人俱乐部停止了活动。在20世纪70年代，松陵镇的文娱活动并不是很多，因而每逢到了元旦、春节、五一、十一等重大节日，人们的娱乐似乎到了喷发的高潮，各种形式的娱乐节目上演在企业、街道、镇工会、文化站。街上的文艺表演、工会里的套泥老爷、打气枪、猜灯谜、棋类赛、球类赛等活动相继开展。

70年代末期，洗衣马池周边发生了翻天覆地的。小园弄东端一带陆续建起了桃园新村、城建局、松陵水厂、街道托儿所、交通局宿舍等等。1982年5月，在松陵镇工人俱乐部旧址洗马池周边开工兴建了吴江工人文宫，并在1984年的10月1日对外开放。原工人俱乐部的一些相关职能被替代，还陆续兴建了影剧院（后改友谊舞厅）、球场、溜冰场、教育楼、活动楼等，建筑面积共达三千八百七十四平方米。新建的文化宫，由于设施较全，游艺种类丰富，受到了松陵人的由衷喜爱，极大填补了人们对日益增长的文艺娱乐需求，充分展现了工会组织的强大凝聚力和与时俱进的开拓精神。后文化宫又新建了活动楼六百平方米，满足了多层次的需求。文化宫除直接组织各种文体宣传活动外，还对各镇俱乐部起示范指导作用，担负着培训文体骨干的任务。

洗马池在几轮的城镇建设中，愈来愈缩小了它的身躯，颇为硕大的池塘给周边房屋挤压成了细小的一段曲尺形小浜，河水静态不动。

在2012年9月的一天，笔者和朋友徜徉在洗马池边，看着一些泥土里露出的碗瓦碎片，思古之情油然而生。遥想当年，在东北城墙的合围下，这里也许是一处远离市井、风景秀丽、赏柳垂钓、名士聚集的极佳地方。正在思绪信马由缰的时候，脚下忽然被一物所绊，细看原来是只碎碗底。拂去尘土，这原是一只粗陶类的碗，碗底碗侧显现了"北寺"二字，这一发现让我有所思量。

吴江城内古有北寺一座，大体位于城中三角井银杏树这里。据嘉靖《吴江县志》中记载："圣寿禅寺在县治西北延寿坊内，故名北寺。吴赤乌中建，梁开平三年重建，改兴宝院。"边上还有北寺巷。后来北寺"毁于金兵"。在以后的朝代中，北寺又重建重修多次，并且在清末民初的《垂虹识小录》中也描绘了寺中曾有帖塔、铜钟、纸圣、石观音等物。如《垂虹杂咏》中对

【左】现工人文化宫洗马池塘
【右】北寺碎碗

"帖塔"作了非常形象的描述:"塔碑向在北寺,有明达和尚真可跋语,以一塔形书《金刚经》,全部每逢檐角等处适书佛字,巧妙非常,今移城隍庙西屋。"对"铜钟"也有诗句描述:"万般离合总烟云,北寺钟声不复闻。陶冶亦知关气数,无端物化助妖氛。"可见,北寺这一古寺中,的确存有很多宝贝。在乾隆《吴江县志》的早期完整版本中也可以清晰地看到北寺与洗马池的位置。在民国初年,北寺的旧址曾作过吴江县教育会、吴江县立图书馆、吴江县公安局三所,侵华日军进驻吴江后,也被当作驻队场所。一直到新中国成立,北寺这里成了吴江县第一招待所,银杏树见证了这里发生的一切。

北寺碎碗的发现,从一个侧面证明了松陵历史上曾有北寺一说。至于北寺碎碗如何跑到洗马池,这也许就是历史变迁所造成的。

吴江城内东北角极不起眼的一汪水池,带给了我们无尽的追思和遐想;工人文化宫的建立,又给我们带来了几多欢乐和笑声。

第三章

老店名厂

松陵与其他古镇一样，也有自己的"开门七件事"，这些事关民生的店铺商家，为百姓居民提供着多样的服务。春夏秋冬，永恒坚守，为古镇日复一日地送着温馨。作为镇上知名厂家，红光布厂、吴江印刷厂都经历了辉煌与衰落，给人留下了深深印象。

松陵鸿运楼

喜好怀旧的人在追忆松陵往昔印象时，只要一提起菜馆饭店，绝对少不了鸿运楼菜馆。高兴时还会眉飞色舞，罗列几只曾吃过的佳肴名菜，以长脸面。那时候到鸿运楼去撮一顿，就好似去苏州松鹤楼走了一遭，其形态也完全不亚于如今去五星级宾馆吃上一桌，一种显阔的神情给了小镇居民一时的荣耀满足感。这种感觉的存在，其实并不遥远，也只是二三十年前的事情。

回望鸿运楼，那曾经辉煌、令人难忘的名菜馆，足以让镇上人炫耀几番。

追溯历史，浙江宁波人朱兰亭早年经朋友介绍来吴江发展，几经周折磨难，最后落脚在严墓镇（今铜罗镇）上开饮食店谋生，当时并没有店名招牌。至20世纪40年代初期，朱先生把独资开办的店迁移到了震泽镇上塘东大街上经营，一段时间后，店中老顾客、藕河街小学校校长马觉庵感到该饮食店没有名称实属不妥，在征得朱先生的同意之下，凭借他的才学与名声，为店起了个口彩好、生意旺的店名——鸿运楼。从此鸿运楼为吴江餐饮界留下了一块响当当的牌子。

在1943年时震泽鸿运楼共有五人，有大厨张庆林，员工倪阿荣、杨阿

1981年刚建好的三角井鸿运楼菜馆

荣和李桂生,店方以擅长烹制地方特色菜肴而闻名县内及邻近的浙江南浔等地。新中国成立后,随着公私合营浪潮的到来,1955年5月,鸿运楼的原班人马随同菜馆迁至松陵镇中山街的闹市中心地段,原大仓桥东北堍拐弯处的一幢二层民房内。据民房主人赵师母说:"新中国成立前日本人在这里开过咖啡馆,后来又有人开过照相馆及馆子店(指鸿运楼)。"没几年,鸿运楼又迁至中山街斜对面(如今城中广场的西端)。1958年起,该店上升并更名为国营人民饭店。在"文革"中,鸿运楼又一度改名为新江饭店。1965年起,全县饮食行业先后将松陵、平望、盛泽三家合营商店转为国有企业,松陵新江饭店就是其中之一。

在20世纪六七十年代,松陵镇上饮食业并不繁荣,尤其在城中闹市的中山街上,饭店菜馆也只有人民饭店(鸿运楼)、大众饭店和两家小的馄饨店。但人民饭店占着地段的优势,宽大的铺面(约有五百平方米的面积,里面分有小包间、散席)、店牌的名声和特色的菜肴,吸引了镇上众多的群众和来镇办事的外埠人员。有许多招牌菜更是让新老顾客记忆犹新,回味无穷,如翡翠虾仁、龙须鳜鱼、菊花鱼、鸿运爆鱼、雪花蟹粉等,这些用本地食材做成的、体现着江南水乡特色的菜肴,让鸿运楼的饮誉江城。由于那个年代经济拮据，有着龙头之尊的人民饭店所卖出的菜也只是以角以分计算，如一只炒三鲜，两角六分；清炒肉丝，三角六分；一碗油渣汤，两分；一碗阳春面，七分。办一桌喜酒也只有三十到四十元。尽管如此，鸿运楼或叫人民饭店，都给人们留下了深深的印象。

直到70年代后期，前辈朱兰亭老先生仍关注着鸿运楼的经营状况，只惜年事已高，他就在店内做一些配菜的辅助性工作。朱兰亭先生于1979年过世。

到了1981年9月30日，随着危房拆除和老城区的改造，人民饭店旧房拆除并搬迁至三角井处，同时也恢复了鸿运楼店名招牌。新迁建的鸿运楼为四层楼，三层主楼面积达一千两百五十八平方米，底楼、二楼是菜馆，三楼是客房部。为弘扬名牌，重振雄风，店方特在店内刻上对联一副："续修烹饪谱，再兴鸿运楼。"笔者采访了曾在鸿运楼工作二十多年的王志高师傅，他对往昔鸿运楼的命运感慨万千，对菜馆的名肴却喜形于色。有着一级烹饪师职称的他如数家珍地讲起了鸿运楼的几道名菜，如"开面鳝糊"，选用上好鳝丝，先炼锅，把锅烧烫，放入葱姜油和鳝丝，爆炒至硬香，再放酒及调料，去尽鳝腥，卤汁收锅。最后勾芡，使之色泽红亮，装入深盆并在鳝丝上压一凹坑，放上姜丝、熟虾仁、火腿丝、香菇丝、葱丝等，再浇上沸油，此时声响清脆，味香鲜美，入口滚烫。这道名菜也被人称作"响油鳝糊"。还有诸如"松炸虾球""生烩鱼扇""糖醋粒肉""虾仁跑蛋"等。王师傅说，该店所制的传统菜肴，花色品种繁多，富有江南风味。不仅在选料上严格把关，而且制作精细、讲究搭配。按照时令节气，更换菜谱。烹饪上擅长熘、炒、烧、炖，色、香、味、形俱全，深受群众喜爱。有一次，吴县越溪一户姓席的人家，慕名把婚宴摆到吴江鸿运楼，由于食客较多，结果筵桌从里面大厅延伸至鸿运楼大门口，吃喜酒的人们仍然兴味不减，似乎吃到鸿运楼的菜是一件荣幸的事。

随着时代的发展，鸿运楼除了继续弘扬餐饮特色，还注重多种经营，开辟了旅社部、点心部、旅游部，旨在全面提高鸿运楼在社会上的知名度。到1985年共有职工五十八人，获得了县级先进单位称号。

在20世纪90年代初期，由于市场竞争激烈，属于镇上饮服公司管辖的鸿

【上左】鸿运楼名菜——翡翠虾仁
【上中】鸿运楼名菜——鸿运爆鱼
【上右】鸿运楼名菜——菊花鱼
【下左】鸿运楼名菜——龙须鳜鱼
【下右】鸿运楼名菜——雪花蟹粉

运楼菜馆的国营体制也开始实行转制。不久由苏州来人承包鸿运楼的经营。再后来,"苏州得月楼吴江分店"的招牌替换了鸿运楼的招牌。过了约两年光景,得月楼的店牌也不见了。风云变幻的市场使得鸿运楼没有壮大,反而变得越来越脆弱了。直到1996年月12月18日,中信实业银行吴江办事处的巨大招牌覆盖了鸿运楼的店名,人们才恍然得知,辉煌了半个多世纪的吴江名店就此告别了饮食界,远离了喜爱它的群众,给世人留下了不尽的回味和对老字号的追念。

"每次走过这间咖啡屋,忍不住慢下了脚步;你我初次相识在这里,揭开了相悦的序幕。芳香的咖啡飘满小屋,对你的情感依然如故;不知道何时再续前缘，让我把思念向你倾诉。"这首经典老歌《走过咖啡屋》以相通的情感折射了松陵人对过去老字号鸿运楼的追忆。如今，站在车水马龙的三角井，望着那幢又挪作他用的鸿运楼旧房，不少镇上人都在默默祈望鸿运楼的招牌能重现松陵，让古镇拥有一个老字号，其实并不是件难办的事情。

松陵老虎灶

提起老虎灶，老松陵人都会有一种很深的温馨感和亲切感，并自然而然，如数家珍般地回忆起那时候的一串串光景、琐事。2007年的6月，笔者走访了一位在松陵商业战线上工作了二十六个年头的李兰英阿姨，在我们的闲聊中，过去镇上老虎灶的一些景物、趣闻仿佛又回到了我们的面前。李阿姨是一名会计，在20世纪七八十年代时管辖着镇上七家老虎灶的经济收入，每个月七家跑马式地做报表、收账，然后交公司，因而她对老虎灶有着一种特别的情感。

老虎灶又叫泡水店，因为烧开水的炉膛口出灰处开在正前方，犹如一只张开大嘴的老虎，灶尾有一个高高竖起的烟囱管，就像老虎翘起尾巴，因此人们很形象地称之为老虎灶。灶上一般有八只眼，中间四只汤罐，每只汤罐可泡四瓶水，前面一只小汤罐，后面一低一高两只大锅，在四只汤罐的中间还有一只眼，那就是加燃料的口，平时用铁盖盖着或略开小缝用以拔风。加燃料砻糠时，便用一只超级大漏斗接住口子，再用大的簸箕盛着砻糠往下倒，然后灶上师傅用长铁钎在口子里捅几下，待四下均匀后，才捂盖子。当时江南一带，老虎灶相当普遍，也是社会生活中最直接的一个窗口，它解决了周边居民用热水的生计问题。

新中国成立前松陵镇上茶馆老虎灶多达几十家，大街小巷都有它们的影子。最早的老虎灶要数李阿姨的爷爷所开的老虎灶了，开在东门新桥河的桥北面，那时东门盛家库的茶馆最为繁多，有顺兴楼、第一楼、虹云阁、迎春、福安、凤鸣阁、东兴园、垂虹楼等诸爿茶馆。到了20世纪70年代末，镇上尚有七家茶馆老虎灶还在营业，分别在北门、东门及城里。北门街上的叫聚宝园茶馆，东门盛家库街上的叫虹云阁，东门湾塘里边上的叫迎春茶馆。市区三角井斜对面有一店，大家俗称三角井泡水店；县府街县委大院门口有一间大明水灶；松陵饭店门口有一鹤阳楼，俗称仓桥老虎灶；中山街小园弄口也有一只老虎灶。那时，有茶馆必有老虎灶，有老虎灶的未必带有茶室。名声最响的大约数仓桥老虎灶了，因为仓桥东就是镇上的闹市中心，桥西便是老虎灶，沾着这个光，不少上街买卖的、办事的人就会在该茶馆歇歇脚，喝壶茶。同样，周边的商家、居民用开水也使得老虎灶生意兴隆。

松陵的老虎灶大都是靠近河开的，因为老虎灶最早是用河水烧的，取水比较方便，后来才改用自来水；再者烧火用的砻糠也需要用船只送来。那个时候，镇上的商贸集市

【上】盛家库的虹云阁老虎灶
【下】仓桥老虎灶

格局大致分三处,北门、城中、东门,所以老虎灶带有茶室的聚宝园、鹤阳楼、虹云阁、迎春茶馆的生意就相对兴旺一些。三角井泡水店的经营也可以,只是店面不是很大,只能安放两至三只茶桌,如果茶客多了,茶桌就要放到人行道上去了。而大明水灶则专营泡水,且服务对象大都是县委县府的机关人员。开老虎灶是件很辛苦的工作,每天天未亮就要起床,生火开灶,空时还要挑水,几只很大的水缸均要有足够的水储存,晚上到家家点灯了,他们方能熄火,真是"鸟叫做到鬼叫"。最辛苦的还是灶上师傅,一天下来,几百瓶的热水都是经他的手用勺子给舀出去的。尤其是夏日里,滚烫的灶台、滚烫的热水,其辛苦是可想而知的。据介绍,一般老虎灶是两人搭档,带有茶室的要略多几个。这些老虎灶当时均归松陵商业公司管理。

那时多数居民家庭靠煤球炉煮物,要想沏杯香茶,喝口热水,用温水洗脸泡脚,杀鸡宰鹅,还真离不开烫开水,况且老虎灶的水费低廉,一分钱泡一瓶水,确实在时间上很方便,经济上也实惠,老虎灶自然与居民的生活紧密地联系在一起。泡水者去那里泡水,不但可以看到、听到许多新鲜的东西,而且还能与同伴玩耍,与熟人聊天。尤其是冬天里的傍晚,泡热水瓶

【左】迎春茶馆
【右】泡热水的水票

的、泡汤婆子的、冲盐水瓶的,这老虎灶煞是热闹。到了我上初中,因为三多桥河道填平,家也搬至县府街西端,早上为了给工作很辛苦的父亲泡上一杯热茶,以尽孝道,我经常天刚亮就拎着热水瓶去大明水灶等候泡水。后来我进入吴江印刷厂工作,厂里没有水灶,喝开水都是去仓桥老虎灶泡的,虽然厂里门卫很紧,出门泡水却一路绿灯,包括厂里装订上用的糨糊,都是在老虎灶上用滚烫开水现浇现搅的。老虎灶上的一水一勺为居民、为企业奉献着特有的热情。

　　李阿姨细说,开水一分钱一瓶,一壶茶则八分钱,这情形延续了好长一段时间。老虎灶一天下来基本能赚个二十到三十元,具体要看老虎灶周边的人气了,像小园弄口的老虎灶就差多了。如果再去掉自来水成本、砻糠成本、运费,老虎灶也只能算略有微利,混个温饱。所以到后来,有的老虎灶做起了糕点、冰棍等副业,以补充维持老虎灶从业人员的收入。

　　因城区的发展及年久失修的诸多原因,到了20世纪末,镇上这七家老虎灶最后只剩下东门虹云阁一家仍在用砻糠维持营业。没多久,旧老虎灶拆掉,改用电烧水,虽然没有往日的温馨灶火了,但电水壶里的热水仍会冲出酽酽的茶香,引得老茶客们依旧前来吃茶聊天,茶馆也为周边居民带来了生活中的许多便利。后来迫于生计,开业于1946年8月的虹云阁终于倒下了它那坎坷而佝偻的身影而闭门谢客。同在盛家库湾塘里的迎春茶馆,也是开开停停,支撑着昔日东门茶肆繁华的最后一丝荣耀,直到2007年8月重新装修并开业,迎春茶馆才挽回了松陵老茶馆的一点声誉。

　　回望渐行渐远的老虎灶,盘点着曾熟悉的行业,对老一辈的人来说,些许还是有点味道的,毕竟它给那一代人带来了许多温暖、许多回忆。

松陵照相馆

提及照相馆，几乎人人都有联系，因为照片为我们、为历史留下了许许多多的印痕。照相是近代科技文明的产物，传到中国不过是百年多的光阴。我们松陵镇在新中国成立初期就有三家照相馆，商号分别为蝶来、垂虹、江城。在1956年的对私改造时，松陵镇在商业合作上成立了四大块：日用百货合作商店、饮食业合作商店、食品合作商店和福利合作商店。因而，这三家照相馆一起并入了福利合作商店，在仓桥头原蝶来馆地址成立了照相门市部。

为了探究松陵照相业的变化，2007年的7月中旬，笔者走访了镇上照相老前辈、八十六岁的顾维诚老人，一头白发的顾师傅，也许有点年纪的老松陵人都知道他。顾师傅是常熟人，他二十岁时就在苏州学照相，1950年携妻子来吴江谋生，开始了在松陵的照相生涯。

顾师傅说，那时候是很苦的，他开始在中山街上租个门面（后此处改作牙齿门诊所），做了三年光景。后来搬到了中山街的仓桥南面，命名为江城照相馆，与同为在中山街中段的垂虹照相馆形成一南一北的经营格局。1956年的改造中，作为小业主的江城照相馆并入了规模相对大一些的照相门市部，后改为集体商业松陵照相馆，一起归属松陵商业公司管理。转为公私合营的照相馆，营业员相加也不满十人。

　　此状况一直延续到了20世纪70年代末，镇上还有江城照相馆和松陵照相馆这两家在经营。顾师傅说，那个时候由于经济条件有限，照相行业相对冷清些，拍的黑白照一般就是证件照、合家照、结婚照，难得有些毕业照或纪念性质的会议照生意。当然，从内部讲，那时照相馆内的设施布置也是很有讲究的，一般都有一块背景油画布，都是些城市风光、亭台楼阁、树木风景等，布景前放一只凳子，周边则放一些儿童玩具和滑梯木马踏板等，有时还会置放一些不同衣服，供顾客挑选穿着。从外部看，照相馆的橱窗绝对是一处广告亮点，馆方会把一些好的照片，经过处理放大陈列其中，特别是一些儿童精品照片，如有被选中的照片，全家必会引以为荣。如有姑娘被选中，那走在街上被人羡慕的目光和回头率，绝对是少不了的。照相馆有时候为了多做做生意，拉拢一些熟客，也会扛着三脚架、照相机外出，上门为顾客拍照。那年代的照相机与现在的完全不同，是一种木制座机，相机的外面常年有一块一面黑一面红的厚布兜着，难见其真面目，底部装有四个小滑轮，可以自由移动。照相时，周边几盏灯一齐亮着，调好灯光后，摄影师先钻入布内换胶片盒，在磨砂玻璃上对好镜头，然后探出头来，对顾客发出口令，同时手中捏的橡皮气球（控制快门用的）一并捏下，照片才算拍好。

　　照相是一门技术活，照相师傅都是靠手艺吃饭，除了照相的设备外，一系列的暗房技术、修底片技术、着色技术，就是师傅的看家本领了。在那时，顾师傅就是靠钻劲、靠勤学苦练，学得了一手好技术，他利用多次曝光技巧和特技摄影，能在一张底片上给一个人做出许多个人影来，这种摄影技法和暗房技巧，在当时的年代里实属少见。凭此手艺，顾师傅在盛泽的县商业大比武中，获得了第一名。他这门独技在日后的经营中也赢得了口彩，揽了不少生意，江城照相馆营业额往往超过大店的营业额。

　　当黑白照片通过绘（着）色手段，成为彩色照片时，成了人们新的时尚追求。鉴于条件限制，当年彩照的颜色是手绘着色上去的，师傅不但要有画人像的功底，其间还要掌握"吃黄"程度，用细笔、棉签蘸着油性颜料在绸

通过特技摄影呈现的一人二影照片

纹相纸上通过深浅、明暗给人像上色，活生生把一张黑白照变成了彩色照。到现在，这些费时费劲的技术活都几乎失传了，不免让人唏嘘。

1980年10月，原在松陵照相馆就业的夏雅琴，在镇中心巷里开设了南方照相馆，是松陵镇首家个体照相馆，为松陵照相业趟出了一条新路。20世纪80年代初期，镇上开始拆迁改造，从三角井到仓桥一带的中山街上，首先拆除老房，三角井老虎灶、煤球店、理发店、江城照相馆、大饼店、鸿济堂药材店等曾经繁华的商铺都消失在了人们的视线里。至90年代早期，随着仓桥至水关桥的第二期拆迁，松陵城中心的改造全面展开，有龙头之尊的松陵照相馆也结束了它在中山街的使命，迁到了下塘街松陵饭店北侧。在日后的体制改革中，这家照相馆也完成变更手续。

后来，随着家庭相机的普及、冲印照片的增长，彩照逐渐替代了黑白照。1989年，吴江县饮服公司依托鸿运楼，在三角井开设了彩扩社，彩照生意红火了一段时间。90年代中期，在三角井、红旗路、中山街相继开出了多家小型彩扩门市部。松陵照相行业呈现出多家并举的态势。再后来，阳光恋人、信印名门、吴江巴黎米兰这些专业婚纱摄影的出现，为松陵照相业注入了新的活力，获得了市场广泛认可。

　　照相馆承载着一个人、一座城市的记忆，凝固着一个历史的瞬间。松陵镇上老式照相馆，早已没有了踪影，黑白照片也藏入了相册之中。但留在每家每户里的那些旧照片，依然会闪烁着那个年代的印痕，给人以温馨，给人以回忆。

松陵理发店

一说起理发店，我们都有一段割不断的情结，小孩满月或百日时，一般家里人都要请来理发师为其剃除胎发。这几乎是每个孩子成长过程中的一项必经仪式，不可或缺。在此后的生活中，理发便与人的一生结下了不解之缘。为探寻松陵在过去岁月里理发店所留下的一些轶事旧闻，笔者在2007年7月11日一个炎炎的下午，来到松陵桃园一弄看望一位资深理发师——年近八旬的王少美老人。由于笔者少年时常由王师傅剃头，所以比较熟悉。在王师傅家中刚一落座便接连进来两位七八十岁的老熟人，理发店的往事就在王师傅边理发边闲聊中进行着。

理发业古而有之，被公认为是"三百六十行"中的第一行。1956年商业合作化登记时，松陵城区理发店铺达二十一家之多。到20世纪70年代末时，松陵镇上尚有七家理发店，北门叫南京理发店，城中有亚洲理发店、红旗理发店，县府街上叫新光理发店，东门湾塘里有一家，盛家库在虹云阁茶馆隔壁有一家、水产行隔壁有一家，其中也有女理发师。规模相对大一些的是城里的亚洲理发店，它是1956年从盛泽迁过来的。该店的玻璃窗较矮，很容易

【左】中山街亚洲理发店
【中】1995年，下塘街永康弄弄口的亚洲理发店临时店
【右】湾塘里理发店旧址

招揽顾客，在店中也极易看清街面情况，店的中央是一长排椅子，让等待理发的顾客有个落脚休息、等候叫号的地方，也是留住顾客的一种手段。洗头的热水都是店家自己烧的，每逢用掉一些热水，师傅便会在锅里自觉添入冷水，以此循环反复。

在七家理发店中，数亚洲理发店的档次最高，由于它坐落在中山街闹市中心，店面及店堂面积也较大，里面设有近十只椅子，所以它的营业额也是较高的。作为理发行业，与其他的老虎灶、大饼店、酱园店等服务业一样，都归镇上商业公司管理，公司派一会计每天上门收隔日账。那年代剃个头也只有二角几分钱，理发师们每月都是有指标的，完成指标拿基本工资，超额再计算，几乎就是多劳多得，一天下来，能做个四元左右就算不错了。由于是服务行业，理发师傅每个月只有三天休息日，如果是提早做满了指标，那可以稍微多休息几天。每到逢年过节，生意就好一些。虽说亚洲理发店地段好、档次高，但县府街上的理发店生意也不错，因为该店附近有县委和县政府，一些机关公职人员图个方便，利用中午或下班时来理发是最多的。至于理发工具都是由店里统一购买,再分给个人保管,所以一到关门歇业,师傅们都会精心擦洗各种自己的工具,上油的上油,擦干的擦干,有的还要磨磨刀,这些细活是传统理发业延续几代下来的一项必备功课。

在笔者与王师傅不知不觉的交谈中,随着王师傅剃发、洗头、刮须、修面、剪鼻毛、扑粉等动作,二十多分钟已给一位老人理好了发。接着另一位老人坐上了颇显沧桑陈旧的老式理发椅,我们的交流继续着。

曾在县府街新光理发店、亚洲理发店工作过的王少美师傅,为很多老松陵人熟知,他那和蔼的态度、娴熟的技艺,赢得了一大批老中青顾客的青睐。直到退休以后,一些老顾客仍不忘他的手艺,最远的从南面八坼、西面东太湖、北面姚家庄等地赶来他家剃头。如鲈乡三村的多位老年人都是定点定时地专程前来剃头。眼前这两位老人都说,别看现在的美容美发店很多,上了年纪的人想剃个头还真是个困难。王师傅他十七岁入行至今,不知剃了多少头,如今清闲在家,这把理了一辈子的理发剪刀难以割舍,街坊老友要他帮个忙,也难以回绝。笔者好奇问道:老人剃头难,那您的头发谁给理呢?他笑道:镇上还有一姓魏的老师傅,我们相互帮衬着理发。在这一行当里,到现在还拿着剃刀的老人也许只有我们俩了。

改革开放后,松陵城镇改造拆除了一些老房,后来迁移到下塘街的亚洲理发店几经转手承包后,到了21世纪初就最后一个关了门。同样,由于经济体制允许私人经营理发业,时代造就的审美观念不断转变,美发美容开始流行,本地人、外地人开的个体理发店迅速增加,美容美发店霎时成了引领时尚的风向标。而年岁较大的理发师们又难以掌握新颖流行的美发技艺,那些老牌的理发店便渐渐地退出了历史的舞台,七家旧式理发店没有一家传承下来,留给人们的只有那些记忆深处的旧理发店印象了。

最后值得一提的是,20世纪六七十年代曾在吴江中学读书的学生都记得,在那铁路桥涵洞过一点,江中大门不到一点的垂虹路边,有一姓秦者开的理发店,生意也不错的,也许是当时唯一的个体理发店吧。

松陵肉店

　　松陵为吴江县治，是吴江的政治文化中心，其商业繁华比乡镇而言，有着独到的区位优势和政令上的便利。自宋室南渡中原后，松陵成为畿辅重镇，人口剧增，造成商贸日盛。垂虹桥两岸酒楼茶肆比肩相接，商贾云集，城内更莺歌燕舞，百货聚集。古时一句"朱门酒肉臭"，一方面透露了富贵人家酒肉飘香的奢侈生活，同样也揭示了肉类食品在人们生活中的高档地位。鉴于中国百姓的饮食习惯、民族结构、饮食文化等，在肉食品经营中，吴江的猪肉消费始终是占据着主导的地位。"去割点肉，包馄饨吃……"不难看出，我们已习惯将"吃肉"和"吃猪肉"画等号了。所以，不管生活状况如何，对吃肉这事，百姓们都是很普遍关注的。据资料记载，在20世纪80年代中期，我国肉类产量在两千万吨左右，猪肉就占了百分之八十五左右。

　　就在我们松陵，民国时期肉店就有两家（新明、裕昌），腌鲜店一家（王恒兴）。到了1949年新中国成立时，松陵肉店一度发展到七家，在同城的商家行业中，属于店数较多的一个行业，且那年代全是私营业主。1955年5月，松陵镇作为商业社会主义改造试点，成立了十五个合作小组，鲜肉组便是其中之一。至1956年，松陵镇上的肉店仍有六家之多（义兴、同协兴、和记、甡泰、大盛、凌文记），在松陵的三十五个行业中，位居十一。腌腊商店也有六家，虽不是全部经营猪肉，但咸肉、腊肉、酱肉也是主打商品。可见，肉店之兴盛，也反映出了镇区居民对肉类食品的喜爱程度。

  1957年对私改造以来，公私合营模式出现，各行业进行归口分别管理，松陵肉店同样如此。把原来分散经营的小业主，吸收并集中为合作商店，按集市区域划分为三大片区，并填补了北门集市没有肉摊的窘况。形成了北门肉店（业主姓王）、城中肉店（业主姓朱）、东门肉店（业主姓李），这些店中还经营着腌制品的销售。当时猪肉还没有实行统购统销，所出售的猪肉，全是由各家店铺自行到农村上门收购生猪，进行宰杀，然后一早供应市场。猪源不够时，也有苏北猪掺入其中。1956年松陵设立收购站收购生猪，肉店便向收购站批购。到"文革"中，养猪被认为是走资本主义道路，吓得农民不敢饲养，生猪来源又趋紧张，肉票应运而生。

  由于20世纪六七十年代中，我国还处于贫困时期，计划经济仍占的主导地位，购物凭票成了那时的一种生活常态，像粮票、糖果票、布票、肉票、煤球票、面票、酒票、豆制品票等。而在副食品的供应中，肉票俨然是那时的大哥大。在当时能吃一顿红烧肉，那是非常奢侈的，平时最多买几角钱肉丝，开个小荤。更何况，生活拮据，大多数老百姓的肚子里油水甚少，食用油根本不够吃，所以当时的肥肉销路最好，能买到肥肉，回家熬成油，烧菜时放一些、饭里拌一些，这也是民间改善生活的一种良方。当然，如能认得肉墩头上的师傅，在他操刀的时候有所"倾斜"，那绝对是满心窃喜的一件事。那些猪头、猪肝、大肠等是师傅手中的王牌，因而这些气势之盛的"执行总裁"，也是人们巴结的重要对象。至今，老松陵人对镇上肉店的老板或工作人员还念念不忘，如城中肉店的朱四福、杨和生、徐经声，北门肉店的王春德、顾永官、陆韵珍，东门肉店的李关喜、陆维礼等。这些肉店不仅给百姓带来了美味的食品，更在古镇中润滑着各种人际关系，融洽了乡邻间的关系。

  肉是紧销商品，所以排队买肉的景象便成了松陵几代人难以抹去的印记。每当凌晨，甚至隔夜就要到肉店前去排队，还不一定能买到，所以那时肉店门口常见的现象是，先以一排排砖头、石头、破篮爿头整齐排列，代表着已有人在排队了，等着肉店一早开门发号，然后凭号凭票买肉。纯朴的松陵人都很自觉，也没有插队、乱哄乱轧现象，遵守着良好的民风习俗。每到逢年过节，肉店前更是人山人海，采购凭票供应的商品是每家每户的头等大事，每户一只冰冻鹅、一只咸猪头、几斤鸡蛋，便是过年的主要荤菜，不少家庭也会省着留作招待客人之用。要知道，上海当时每人每月"配给"猪肉一块五元（在全国算高的），当时猪肉均价约每斤不到一元。而在松陵，最早每人每月只有三两肉供应，其状况也是捉襟见肘，肥肉走俏理所当然了。

在城中，早先肉店开在现松陵城中广场南侧的菜场里（旧称火神庙）。后来几经迁移、几经兴衰，肉店经营也是一波三折。随着"文革"结束，百废待兴，人们的物质活逐渐丰富，但计划供应还没取消，在原有三家腌鲜肉店的基础上，政府部门为方便群众买肉，增加了网店，在中山街与庙前街的交会处，把旧绸布商店改造为新的大肉店，体制为国营商店，这是松陵最大的肉食品商店，由县食品公司直接管辖。这样在城中有了两家肉店，一为国营，一为集体。食品公司备有肉联厂冷库，有时新鲜的肉供应不上，只能靠储备的冷气肉（即冰冻肉）来缓解需求。冷气肉的口感虽差一点，但相比缺

【左】20世纪80年代初中山街的国营肉店，楼壁上"国营"二字依稀可认
【右】计划经济中，肉墩头上的猪头也是抢手商品

肉少肉的年代，已算是大有口福了。肉店除了供应城镇居民外，还要供应各家饭馆酒店，以及一些企事业单位的食堂。这时生猪也实行着统购统销政策。

　　在1985年的松陵整个集体商业的一百零八家中，腌鲜肉店就占了六家，基本排在了第六位，从这儿可以看出，肉类食品与松陵人，还是紧密相关的，在百姓的菜篮子中，肉的分量的变大，折射出人们生活水平在逐年提高。后来省里也由地方生猪购销"三统一"（统一经营、调拨、核算）改为地方分级管理，从统一派购，改为合同定购，放开了生猪购销价，扶持生猪生产，激发了农民养猪的积极性。松陵从1990年起，允许个体商户宰猪自销，食品站实行"定点宰杀、集中检疫、统一纳税、分散经营"的办法。从此，松陵肉店出现了百花竞争的态势，肉店、肉摊逐年增加。只是这些店铺不再沿街占位，而是走进了菜市场，并由相关工商部门管理。

　　从松陵肉店的发展轨迹看，它基本上呈上升趋势。这与松陵当地的经济、需求、习俗等相匹配。就如肉票盛行时，百姓生活要求却更高了，需求越来越多了。松陵地处富庶的江南水乡，比经济条件相对贫困地区要好得多，食肉也是生活质量的一个反映，当然对猪肉质量的要求，也随之提高。而今，菜场内的肉店，大都挂着"××本土猪"。虽然价格略高些，但居民们还是会选购本地猪，不知是本土情结依旧，还是猪肉的口感质量在起作用。

　　一只菜篮子，一爿猪肉店，折射着一个行业的前行过程，反映着人们生活水准的冷暖变化。民以食为天，荤以猪为大。走进松陵肉店，让我们看到了曾经熟悉的往事。

如今菜场里的肉摊位上，本土猪成了新买点

仓桥酱园店

松陵有着上千年的历史,在漫长的岁月更迭中,商业网点始终伴随着古镇的成长,伴随着人们生活的起居饮食。直到20世纪80年代中期,镇上基本还保持着以前留下来的店铺格局,并分城中、北门、东门三大集市。在城中,要数大仓桥、小仓桥(解放桥)这一带最热闹了。

城中的中山街中段,是全镇的商业中心,各种店铺林立,门庭若市,经营着各类商品。在这商业黄金地段中,仓桥酱园店是一爿老店铺,该店位

1986年的仓桥酱园店

油画作品《仓桥酱园店》

于中山街与仓桥的拐弯处,即现在的松陵饭店大门前,思鲈石街心花园入口处。该店建筑颇有江南民居的特色,尤其那转角处透显出高低不一的房檐屋顶中的建筑美,引起了我的注目和美术创作上的冲动。在1986年的秋季中,我当街支起画架,通过油画的表现手法,把松陵人耳熟能详的"仓桥酱园店"描绘了下来。作品的主题也是最能体现松陵旧街老房的风貌景物之一了。

2004年春季,母亲在与老街坊邻居赵师母(张翠英)闲聊时,无意中谈到了我的这幅油画《仓桥酱园店》。说者无意,听者有意,当赵师母了解到我的油画就是画她家的老宅后,心中的恋旧之情不由喷薄流出,她想再看看自己的老房子,毕竟这里维系着她几十年的生活经历。为了不拂母亲的好意和赵师母的愿望,不久我便登门送上了一张小照和数码SD卡。后来赵师母的儿子特意赶赴苏州,花了大价钱,将油画印成二十四寸大照片,还印了许多张。赵师母说,她要把这幅画照送到上海、广州和本地的亲属处,让他们再看看曾住过的老宅。

随着旧城改造,在我作画的后年,松陵中山街老街、老房便逐渐被拆掉。由于当时彩照极少,因而能用色彩把旧时的街景房屋原貌留下来,也的确是幸事一桩。所以,当赵师母再次见到居住了几十年的老房子时,记忆的闸门缓缓打开，望着亲切而熟悉的房子，她向我讲述着昨天的故事……

该房有着百多年的历史，是赵家祖上赵龙生传下来的房产。赵师母说，新中国成立前日本人在这里开过咖啡馆，后来又有人开过照相馆、皮鞋店及馆子店（即鸿运楼，从震泽搬来时曾在此经营过）。早期二楼的窗外还有转角走廊，该走廊栏杆是铁质铸件，铺有木质地板。由于这儿市口好，一些茶客常在走廊内置上茶几，边喝茶边赏风景，甚至可与街面熟人打个招呼。楼下店面也曾开过肉店、小四子蜜饯小店，两家上下午轮番营业，倒也相安无事。赵家则收取房租维持生计。直到1956年"大跃进"年代，随着公私合营的兴起，楼下开起了酱园店，当时称为"松陵镇第一合作商店"，俗称仓桥酱园店，管理上隶属于松陵工商联。楼上仍是赵家居住，另辟出一间做财务室，专门负责松陵商业条线上的财会事务。

当初酱油店店内有四名职员，在约五十平方米的店面内，主要经营油盐酱醋调料、酱菜、酒类等。由于城中商业比较集中，这类商店又不多，再加上黄金地段的优势，所以仓桥酱园店的营业状况还算可以。镇中心的居民几乎家家都在这里购买生活调味品，更有乡里干部来镇上党训班开会时，慕名前来该店预定所要物品，而商店职员则肩挑背扛地把货物送到乡干部的住宿处。20世纪50年代到80年代初期，计划经济主宰一切，生活中的粮、油、酒、煤、糖、布、豆制品等都要凭票供应，因而对油和酒来讲，仓桥酱园店也借了一点"垄断"之光。诚然老传统的一些服务思想、经营理念也深入职员心中，多年下来，他们的服务热情、诚实待人、秤足量准都得到了外地顾客和镇上居民的认可和信任，也获得了镇、县的多次表彰。仓桥酱油店以地段和特色，成为城中一个地标性的建筑。

在油画创作完成后，面对如此有特色造型的江南老房，我的艺术创作之心仍在澎湃跳跃，意犹未尽，创作的冲动始终盘旋在脑中。不久，我又以该地段的这组鳞次栉比的老房子为原型，通过变形、夸张的不同装饰手段和艺术笔法，连续创作了多幅装饰画，这些作品得到画友同道的赞许。

岁月沧桑，星移斗转。赵师母随着老房的拆迁而搬到了木浪小区。望着手中的大照片，老人眼中露出了凝重而欣慰的目光，或许是一种追忆，或许

【左】装饰画作品《仓桥酱园店之一》
【中】装饰画作品《仓桥酱园店之二》
【右】装饰画作品《仓桥酱园店之三》

是一种对现在居住的满足。总之，这些不经意的写生作品和创作作品，竟成了一个城市变化的见证，这却是我万万没想到的。

吴江印刷厂

在吴江轻工业史中,吴江印刷厂算得上是一家老牌国有企业了,他经历了国家体制的几多转变,几经历练,为吴江印刷业的发展做出了不可磨灭的贡献,为地方经济、人员就业付出了几多心血,在吴江印刷业中,始终起着一个领军人物的作用,各种荣耀光环也曾把该厂照得熠熠生辉,令人羡慕不已。如今,随着"老牛拖破车"和日积渐多的沉疴症状,不堪重任的、曾辉煌一度的吴江印刷厂,终于倒在了体制转换的前夕,较为悲壮地画上了沉重的句号。

中国印刷业是起步较早的一个行业,印刷术是我国的四大发明之一,它是由印章、墨拓到雕版再到活字版,经过长期实践才发展演变而来的,其中北宋毕昇发明的活字印刷开创了印刷史上的一个里程碑。

当印刷业与吴江结缘的时候,已到了民国初期。1927年吴江第一家印刷所在震泽开业,名叫颐塘印刷所。到1938年年间,县内又陆续开办出了同泰、三星、德丰、利昌、聂万顺等五家印刷所和吴江印书馆。这些企业的主要设备只是圆盘机、四开机和四开切纸机等一些简单的设备,承印些图书、簿子册页和小广告。当时尽管印刷工业有了一定的基础，但设备简陋，发展迟缓。到1952年，吴江县约有印刷所（店）十家，从业人员有四十九人，分布在松陵、同里、平望、震泽、黎里、芦墟，设备已略有添置更新，固定资产原值有一万三千七百元。至1985年，全县印刷业已发展到十九家（其中村办厂八家），职工有一千三百五十人，固定资产原值两百万元（村办厂十七万元），产值达七百四十五万元。主要承印书籍、杂志、画册、挂历、糖果包装、商品包装、表册票证，并代客设计、制版。

吴江印刷厂的前身是黎里祥和义烟纸杂货店的印刷部，由袁忆中开设，祥和义印刷部原系私人财产，只有两台圆盘机，靠脚踏生产。1952年被政府接管改组后改为地方国营印刷所，并于当年12月12日迁至松陵镇中山街（靠近三角井，现街心花园处）。1955年1月以该所为基础，建立了地方国营吴江印刷厂，当时全厂只有六人，两间厂房，排、印、装全在一起工作，并有了一台手摇铸字机，基本上属于一种混合型的作坊工场。到1956年8月，随着对私有制改造高潮的掀起，经县工业局批准，将松陵镇原公私合营吴江印刷厂（也称吴江印书馆）并入地方国营吴江印刷厂，厂址也由中山街迁到下塘街10号（原土产大楼处），规模有了扩展，组成了排字、机印和装订三个车间。经营上实行统一生产，统一计算盈亏。以后随着全县各地组建改造，同里镇同泰印刷所改为"地方国营吴江印刷厂同里工场"，平望镇德丰印刷所改为"地方国营吴江印刷厂平望工场"，芦墟镇利昌印刷所改为"地方国营吴江印刷厂芦墟工场"。这些工场实行统一管理、原地生产、单独计算盈亏。1966年1月1日，公私合营黎里烟纸商店附属印刷工场也划归为"地方国营吴江印刷厂黎里工场"。11月，地方国营吴江印刷厂上升为国营吴江印刷厂。直至1968年黎里工场迁入吴江印刷厂，工场全部人员和物资设备搬迁至吴江。同年12月19日，国营盛泽印刷厂的全部设备财产也并入该厂，人员另行安排。由此吴江印刷厂的基本框架结构组建完成。

当年下塘街吴江印刷厂还是以排字、机印和装订三个车间为主，还辅助有划线机、拖蜡机，画线即给学生练习簿上印上一条条细线，便于书写。拖蜡则是把纸张在高温的蜡液里通过，变成蜡纸，用于商品包装，如糖果食品上用得最多了。厂里还有一个较大的仓库，堆放一些纸张进料和成品。厂房面积只有八百九十六平方米，由于厂房是旧式民房改建而来的，有多间房串通而成，并不是很规则，所以厂房布局和采光不是很理想，但在当时条件已算是较好的了。我母亲是1956年进印刷厂工作的，一直到退休都是在装订车间。在我的印象中，厂里装订日历时和划线机开机是最最有趣的事情。日历印好后，按月份分清，然后把一个月30天的日历每天一堆按顺序依次绕桌排开，工人们便开始绕桌捡纸，一天一张（一张上印有许多同一天的小日历）地捡拾起来，一圈下来正好是一个月的日历，12个月依次循环。工人们常说，一天要"走苏州几个来回"，腿都会走得发肿。

工厂条件虽然艰苦简陋，但毕竟是国有企业，厂方对工人们还是比较关心爱护的。厂里办起了小食堂，对一些家庭困难者给予适当照顾，保护了工人们的劳动积极性。记得有一年夏天，厂里还组织了全厂工人在西门流虹桥游泳，一时间，在西门城外热闹非凡。机印车间里还有一口老井，到了夏天便是最好的冷库了，工人们把西瓜吊入井中，待冰冷了再拉起来食用，有时候井栏边上吊绳多了，拿错的事也常会发生。1965年厂里组织工人在银行弄义务参加了吴江第一座水塔的施工建设，工人们高涨的劳动热情，获得了县里诸多好评。

在生产上，印刷厂主要是承印些传统的票证账册和学校的课本、日记本、社会零件等。继1956年10月始承印《吴江报》以后，"文革"期间又扩增了书版排版等其他设备，大量的毛主席语录、教科书、学习材料成了那个时期的主要生产产品。到了1969年，随着政治任务的加重，原本简陋的厂房场地已远远满足不了日益增长的需要，厂里向上级打报告，要求置换厂房。此时，位于新马路上的吴江中学高中部刚迁走，那里空余的房子临时作了县军管会办公处和征兵站，所以这是一处较为理想的场地。

经上级部门批示后，1970年初，吴江印刷厂再次搬迁，迁入了新马路17号（现称流虹路）原吴江中学高中部旧址，从此，吴江印刷厂开始了又一轮的新征程。

厂方利用学校原教学课房并新建了一些厂房进行生产，沿马路的二层红

【左】早期吴江中学红楼
【中】吴江印刷厂红楼外貌
【右】印刷厂1977年受表彰人员合影

楼则成了印刷厂的办公用房。在以后的岁月里,厂方在印刷设备上不断增加与扩大,生产规模得到空前提高。印刷厂逐年新建了不少厂房仓库,1977年建成二层彩印车间,计六百多平方米;1983年建成二层仓库,计七百多平方米;1985年建成三层大型彩印车间,并安装了电梯,便于生产运输使用。最后厂房面积共达到了三千七百一十平方米。

除了营造厂房外,厂方更在印刷机械设备上大投入大发展,逐年添置了一大批先进设备,还动手制造革新了一些设备,为印刷的持续发展奠定了良好的硬件基础。1972年以后,印刷厂在原来手摇铸字机的基础上,又添置了两台自动铸字机及大量字模,极大丰富了字体的变化,除了自给外,还为同行兄弟厂加工铅字。仅书版年产量1972年约为三百万字,到了1985年已达九百六十多万字。1978年自行动手成功制造了四色自动凸版轮转机一台,可每月生产透明糖纸三到四吨。1980年、1981年相继又革新制造了两台四色自动凸版轮转机,1985年研制改造了一台自动连续糊牙膏盒的糊盒机。在1980年到1986年间,印刷厂陆续增添了胶印机、海德堡印刷机、不干胶印刷机、对开机、四开机、对开照相机、对开拷版机、对开晒版机、全张液压切纸机、万箱平压机、四开一回转平台印刷机等。印刷设备的硬件，支撑着生产业务量的扩大需求，从制版到印刷再到成品，吴江印刷厂几乎配套了地市级中印刷行业内所有的机械设备和工艺流程，成为全县中毫无争议的印刷企业龙头老大。尤其从20世纪80年代初期始，改革开放影响着社会一系列的变化，社会对产品包装、标识美观程度的要求提高，这些都给印刷业带来了前所未有的巨大新商机，厂里一改以往黑白印刷的老面孔，让绚丽多彩的印刷品开始进入社会，并为广大消费者所接受。吴江印刷厂拥有的彩印机械设备，成了该厂在市场竞争中强有力的砝码。同时，鉴于彩印产品的丰厚利润，包装设计这一学科也受到了厂方关注，1985年中旬，吴江印刷厂成立了美术设计室，增添了电脑字库打印机。由笔者负责，统领、承担了全厂印刷产品的包装设计、黑白稿画稿任务，用设计应对市场需求，配合印刷任务完成，也招徕了更多的生产单子。

除了机械设备的更替外，印刷厂在生产模式、车间调整中，也在不断完善，不断改进，以适应市场竞争能力的提高。自迁址以来，随着市场的变化，厂方原先以铅印车间、装订车间为主要生产形态，逐年调整为铅印车间、彩印车间、西书车间、排字车间、装订车间、机修车间、照相制版车间等，形成了较为全面的生产线。如铅印车间以印刷零件书版为主；彩印车间以印刷彩色印件、糖纸为主，产品有商标、彩色包装、礼盒、书籍封面、图片、贺年片等；西书车间则以印刷外文技术资料为主；照相制版车间从事铜锌版、树脂版等凸版制版。至20世纪80年代末，厂里统筹为铅印、彩印、轮转、西书四条生产线。

作为一个全民国有企业，在管理企业的过程中，自有一套管理手段。尤其在"文革"以后，各种规章制度逐步健全和恢复，走上了科学经营管理的正轨。1980年4月起，该厂制定了第一部较为全面而系统的企业管理规章制度，出台了一系列的岗位责任制、考勤制、保密制、维修制、操作规程制、质量检验标准制等，从制度上保证了一切生产经营活动都围绕这一规章制度进行。车间到班组，班组到个人，层层落实分解，确保了制度协调进行。1982年制订了《关于推行经济责任制奖惩办法试行草案》，1984年该草案得到修正完善，出台了《吴江印刷厂职工奖惩条例》。到1986年，全厂基本上在经济责任制方面得到了全面部署落实，真正实现了奖勤罚懒、奖优罚劣的原则，工资实行百分之三十浮动，把工资奖金捆绑在一起。在1987年，吴江印刷厂召开第四届职工代表大会，为今后发展提出了更高的生产目标和经济目标。到90年代前期，这些有效的管理措施，一直指导着该厂向正常经营轨道前进。

随着经济形势的发展，与外贸合作的方式方兴未艾。勇于创新的厂方，从1986年开始，首次引进了日本不干胶商标印刷机一台，以后陆续引进日产不干胶商标印刷机多台。这类新型的印刷纸张，质量精美，形式时尚，设计新颖，使用方便，一时供不应求。苏州的"四大花旦"电器产品商标全都用上了该厂不干胶产品，上海的很多名牌化妆品标贴也是前来吴江订购。不干

【左】车间里的生产进度表

【右】成立"工贸合营苏州吴江包装彩色印刷厂"的文件批复

【下】20世纪80年代吴江印刷厂厂徽

胶印刷的崛起，为印刷厂的发展注入了强有力的助推剂，应该说，从1988年到1991年这段时间内，吴江印刷厂进入了发展高峰期。在得到吴江、苏州、省里的同意批复后，吴江印刷厂于1992年5月另注册了"工贸合营苏州吴江包装彩色印刷厂"，大量承接苏州、南京外贸出口订单。当时实行一套班子两块牌子的运作方式。

吴江印刷厂毕竟是为数不多的国有企业，在员工待遇、职工福利方面，还是令人羡慕的，能进工厂工作也成了镇上青年们翘首以盼的事。厂里办起了托儿所和食堂，为职工们解决了家庭生活中的不便。在90年代初期，还安排职工分批外出旅游，得到了广大职工的赞誉。同样，由于工作业绩突出，历年中，厂里有多位职工被评为县劳动先进生产者。

随着中国社会经济的变革，企业转制改制成为一个时期的热点话题和工作中心。吴江印刷厂在时代大潮的冲击下，同样未能抵挡住这样的激流。印刷厂就像一个衰老的长者，背负着半个多世纪的病疴，步履蹒跚，效益每况愈下，一些单子也经不住市场诱惑而外流。在经过阵痛的抉择之后，吴江印刷厂终于倒在了2002年的春季。

2003年的3月28日，吴江市经委戴书记宣布，经市委常委讨论，吴江印刷厂"歇业"，并收取公章、财务章及相关文书，保留六人作后续清理工作。工厂工人们的去向，有买断工龄自谋职业的，有待业下岗的，也有重新寻找工作的。真是应了句老话："大难临头，各飞东西。"刹那间，一个苦苦经营了五十多年的国营老厂，堪称吴江印刷行业老大的企业，就这样轰然倒下，消失在了人们的视野里。

回望吴江印刷厂的足迹，有起步时的艰辛，有机遇的恩赐，更有辉煌的业绩。但是，它最终留给我们的是，它没有走到最后。它的谢幕，多少有些悲壮、有些心酸。尤其对热爱印刷行业的人来说，更是如此。

吴江红光布厂

偌大个中国,每个地方都有自己的知名品牌和知名企业,省有省的著名企业,市有市的知名企业,就是乡镇上,也有自己叫得响的地方乡镇企业。就拿松陵镇来说,在20世纪七八十年代,吴江红光布厂绝对是镇上一家风光的、响当当的知名企业。

追溯往事,松陵镇上最早出现纺织类织布厂的,是在20世纪初的1913年5月,吴江县立织布厂创办,吴江县行政公署、吴江县议事会聘请杨敦颐(费孝通的外祖父)担任织布厂主任,并制定有《县立织布厂办理章程》,这也是县城内现代工业之发轫。但由于当时民国刚成立,各项事业百废待兴,地方经费非常匮乏,工厂只存在年余,即停办歇业。后来,杨敦颐到苏州十全街开办了振丰织布厂,其设备可能就是吴江县立织布厂转让来的。在1916年第3卷第5号的吴江县立中学的校刊《学生》中,有多名学生在实践报告中,多次提及"城内一家织布厂……""旧时之织布厂,其地尚空旷,而屋舍尤高爽……"另据松陵邑人费善庆在民国16年编撰的《垂虹杂咏》中的《北寺》诗句中提及的"十年前听鸣机杼,书塾而今照佛灯",其诗注解:

"按寺在县署西，曾作织布工厂，旋废，今有人借为读书处。"该寺后来分别改为了县立图书馆、民众教育馆、县公安局三所。也即如今三角井银杏树下的原吴江第一招待所旧址。由此看来，该织布工厂应该是清末民初松陵现代工业的第一家工厂记载。松陵工业虽不及盛泽，但早期的这家织布厂多少也显现出松陵工业的萌芽。

松陵向来是县治所在地，以政治文化为中心，因而在松陵镇上的传统工业多以手工作坊为主，几乎没有工厂。仅有几家碾米厂有点工厂的范儿，因而民国初织布厂的昙花一现，也是弥足珍贵的。

新中国成立后，松陵工业得到了全面发展。鉴于松陵地区有丝、麻、棉等天然纤维，民间纺纱织布有一定的基础，市面上也有土布出售，相应的纺织类工厂于是应运而生。1958年松陵镇上建了第一家纺织厂——地方国营野生纤维纺织厂（原化工厂处）。生产运作两年后，该厂改为镇办企业（中山街小园弄口），称作松陵布厂，人们俗称"小布厂"。当时镇上为了让部分家庭妇女走出家庭，尤其是解决一批运输社里不上船的妇女的工作问题，实现"陆上定居、小孩就学"的目标，1963年又成立了松陵纱线社（俗称摇线社），厂址设在下塘街8号，生产纱线，技术上从盛泽请来师傅帮助，整个纱线社职工有二十九名，年产值有二点六三万元。到了1970年了，纱线社改名为松陵并线厂，生产合成股线。1971年松陵并线厂又改为吴江并线厂，同时将松陵布厂及木质机一起并入，厂址也迁移到了运河边上，生产产品以并线为主，合并后的工厂扩大了生产规模，壮大了生产能力。随着经济形势的变化和市场棉布用量的增加，吴江并线厂开始向生产棉布方向发展。至1975年，政府将原盛泽红旗布厂的部分铁木织机调入，生产化纤丝织品和工业滤布，并且将厂名改名为吴江红光布厂，其性质为县属集体所有制企业，隶属县纺织工业公司。

至此，吴江红光布厂在松陵纺织工业中开始了一段辉煌的历程。

位于松陵西元圩的吴江红光布厂，初创时期也不容易，一些厂领导以厂为家，以身作则，和干部群众一起艰苦创业，含辛茹苦地工作。为了扶持新生工厂，1976年江苏省、苏州市轻纺局分配给红光布厂1511M-44自动布机

【上】红光布厂大门
【下】红光布厂首期团训班开学

以及纱浆机等前道配套设备，产品正式纳入了国家计划，开始生产纯棉布和化纤布以及化纤丝织品及工业滤布，成为江苏省定点生产厂。由于是计划经济年代，产供销基本上是一路顺风，在各方的扶持下，从加捻到织布，红光布厂走过了艰难的初创期。

由于当时镇上企业不是很多，工作就业成了青年们的一桩大事，大集体单位红光布厂的出现，给了镇上男女青年向往的目标。想当初，吴江轧钢厂与吴江红光布厂是吴江城里两大招牌厂，出于工种的差异性，男的进红光厂，女的进轧钢厂，都是男女青年梦寐以求的一份好工作。职工中除了应届毕业的本镇初高中生外，还有部分城郊、城中的土地工以及小部分附近农村的青年，以后还引进了外地的纺织类高校毕业生。至20世纪80年代末期，红光布厂职工人数达到千人以上，在松陵镇上可算是最大的工厂了。有人戏言道，镇上每一户人家几乎与红光布厂都有千丝万缕的关系。可见，作为一家大型纺织类厂家，它在松陵人的心目中，有着较重的分量，特别在讲究人情味的小镇上，对红光布厂的关注度，远远超出了其他厂。

1982年3月，红光布厂设置丝织车间，有织机四十台。1983年10月，盛泽群力布厂棉布车间并入红光布厂，通过置换，独立建制，定名为吴江丝织厂。生产品种扩展为合纤绸、人造丝绸、化纤丝织品、工业滤布等。

20世纪80年代中期，红光布厂发展到了鼎盛时期。拥有一千五百一十一自动布机三百六十台，丝织机六十四台，以及前后道配套设备和各种测试仪器，各类专业技术人员达七十多人。当时借助计划经济上统购统销的优势，生产计划由盛泽纺织品供应站指导，原料棉纱则从太仓、沛县及苏州苏纶厂进货，厂里进行多道工序加工生产，织成的纯棉坯布经物价局核价后，直接销往盛泽纺织品供应站，再由盛泽纺站按计划调配到各地，产品销售状况基本无忧无虑。依赖于单纯的产供销一条龙式的业态，工厂趋于稳定发展，红光布厂也由此在松陵镇上形成了一家颇具规模的纺工企业，在规模、设备、人员等方面都遥遥领先于其他企业。企业的占地面积也达到了三点九六万平方米，厂房达两点一一万平方米，年产棉布、化纤布六百四十七点九九万米，年产值一千三百七十四点一万元。利税七十五点一八万元。

此时的红光布厂，在管理上也步入了正规，从生产一线车间到管理科室，部门设置得面面俱到，保障了企业的正常运转。生产上有准备车间、力织车间、捻线车间、成品车间等。管理科室有厂长书记室、财务科、技术科、总务科、动力设备科、计划原料科、经销科、保卫科等。针对工厂女职工多的情况，设置了医务室、妇女冲洗室。在职工福利上，开办了食堂、托儿所、浴室，极大地方便了职工生活。每到暑假期间，增开暑假儿童托管班，解决了职工的后顾之忧。为了丰富职工的文体生活，开辟了图书室，不定期举办各类讲座课以及拔河比赛等。还成立了文艺宣传队，自编自演文艺节目，并且多次参加镇上的文艺活动，获得了不少赞誉。在企业管理上，工青妇团组织协助厂方发挥出较大的功能，起到了群团组织的应有作用，推动了厂方的制度建设。完善的管理体系，人性化的关爱效应，激发了职工们的生产积极性和劳动热情。1985年至1989年企业连续被评为吴江县文明单位，获得先进集体荣誉称号，1986年生产的医用布被定为苏州市级新产品，救生衣布被评为国家纺工部三大支柱产品之一，工业用布获三等奖。

在生产技术上，厂方极为重视培养技术骨干。对新进厂的毕业生普遍给予岗前培训、技术指导，还通过电大培训、委托培训、送出去培训等多种途径，提高工人的技术素质，强化生产过程中的技术观念。这样的良好传统持续了好长一段时间，因技术质量过关，红光布厂的产品一直位于同行业的前茅。

　　鉴于纺厂的特殊性和提高生效益的需要，红光布厂经常要组织开展各种门类的劳动竞赛。诸如每年要举办的操作运动会，内容有：准备车间比穿综、对头、牵经等工种项目。力织车间比单项打结，比巡回操作，比帮配工拆布，比摆纡子等。这些结合生产实践的运动会，有力地促进了职工的个人劳动技能提高，增强了职工的积极性和凝聚力，"比学赶帮"超成了那个年代中特有的劳动竞赛现象。同样，大面积的棉纺厂区，防止火灾是一项重要的工作，因而厂里经常要开展消防运动会，以提高全厂的防灾意识，并获得了诸多荣誉。多年下来，工厂没有发生大小火灾，得到了上级部门的肯定。如吴江县第二届消防运动会中获得"女子干粉灭火第一名"，县纺织系统消防运动会获"团体第一名"。1989年、1991年连续获得国家纺工部苏州、吴江颁发的"三无"（无死亡无重伤无火灾事故）奖状，其他荣誉称号奖杯更是连连获得。在劳动光荣、注重荣誉的年代里，几本厚厚的相册里，一张张荣誉证书、荣誉奖状记载着红光布厂所走过的峥嵘岁月，记录着老一代红光人奋力拼搏的创业精神和付出的辛勤汗水。工厂也时常作为镇上、县里的先进典型，受到各级各部门的参观学习。

　　当市场经济大潮来临吴江之际，红光布厂和其他企业一样，面临着重组

【左】荣获江苏省纺织工业厅颁发的产品奖状
【右】实行厂长负责制就职大会合影

改革的蜕变。原先吃计划粮变得断档了,原先生产的布匹缺少了销售渠道,原先单一的生产格局受到了前所未有的冲击。由于生产的棉布卖不出去,出现滞销状态,工厂只能转产转型,改为生产过滤布、牛津布、帐篷布等,产品主要销往药厂、瓷厂、酒厂等地。

形势的变化,也催生出了许多新型的企业体态,联营厂、合营厂、中外合资厂等形式的企业,纷纷出现在新一轮的市场经济竞争中。吴江红光布厂也不例外,在这轮大潮中,红光布厂先与苏州苏纶纺织厂进行了联营,苏纶厂派出了技术骨干,驻厂帮助管理和提供技术上的指导培训,前后约有两年的时间。期间,厂长负责制、分块承包等多种改革尝试也在不断推出。1989年从日本引进了三套粗毛纺先进设备,在老厂的基础上新成立了工贸合营吴江毛纺织厂,年产各种兔羊毛针织纱三百吨。在多种经营放开搞活的新理念下,东虹毛纺织厂、辉宏商标织厂等子公司也相继组建,一套班子、几套牌子的格局也确实把红光布厂带得风生水起,维系了一段时间。各类分支经营部、专营部、经销部更是百花齐放、各显神通,如吴江红光纺织原料服务公司、苏州东虹毛纺织有限公司、吴江红光纺织贸易部、吴江红光工业滤布专营部、吴江红光布厂经营部、吴江红光布厂产业用布销售部、吴江红光布厂纺织品经营部、吴江红光布厂饮食部、吴江红光布

【上】红光布厂职工自编自演文艺节目

【中】有时代气息的红光布厂女职工照

【下】红光布厂延伸出的路名

厂顺发纺织经营部、吴江红光通用纺织品经营部、红光布厂水暖管道维修服务部等新实体公司或三产服务性店家，在市场大潮中经受着洗礼，为红光布厂点缀着丰富多彩的一页。

进入90年代中期，市场竞争日趋激烈，优胜劣汰的法则更加明显，一些"老弱病残"包袱过重的企业出现了危机，个别企业甚至停产、破产、歇业、关闭。作为一家大型集体企业，红光布厂虽然也在搏击风浪，但长期自身背负着许多社会职能，以及一些机制上所带来的隐性阻碍，导致了不少沉疴，生产销售也出现了诸多问题，市场的无情法则让循规蹈矩的老企业再也难以为继。"长期债务负担加之亏损严重，使企业恶性循环，实在是几经整顿，扭亏无望，以致资不抵债"（摘自红光布厂清算报告），终于在1998年的年底，红光布厂以破产形式，结束了它那长达二十多年的企业历史。厂里职工全部买断工龄，只留了极少数人清理资产。它也是松陵镇上第一家破产的企业。

作为1971年进厂，1973年入党，1975始年担任红光布厂党支部副书记、书记的岳彩云，她对红光布厂是极有感情的。面对破产窘况，她是很难接受这残酷事实的。她认为，这样一个有基础、有影响、有资产的企业，是不应该破产的……从情感上讲，岳书记从创业一路走来，见证了企业的成长发展，众多的工厂职工也是陪伴企业一路风雨走到最后。但是，严酷的经济市场似乎对这些都视而不见，也难以用尺去衡量每一家企业在经济转型中的得与失。这也许就是企业改制中的一种另类现象吧。

红光布厂消失在了众多纺织企业的名录中，有关这家厂的话题却始终萦绕在松陵上空，由于工厂职工涉及家庭甚广，因而在老松陵的话题中，只要谈及企业，必会论到红光布厂，必会说起红光厂的许多往事。如今，工厂虽然不在了，工厂旧址也移作了他用，可反映红光布厂的一些路名仍在使用，红光路、红光一弄、红光二弄、红光三弄等，通过这些路名，我们依稀还能感受到一丝红光在那个年代给松陵人带来的几许记忆。

第四章

往事钩沉

历经千年的松陵,积淀着许多红尘往事。从古代的吴淞江到民国的太湖界桩,从20世纪的风情写生到仅剩的蚕桑码头,从硝烟战场到地下革命,从部队农场的文艺青年到小镇美人,这些都勾勒出了松陵的一幅幅无声画卷,让人沉思遐想。

松陵吴淞江与上海黄浦江的历史渊源

上海黄浦江之水来源于太湖,这是一个不争的事实,但江南河流众多,几经更迭,究竟是哪条主干流河道把太湖水引入黄浦江,历来是众说纷纭,各执一词。其中吴淞江为主要水道,直接影响着黄浦江后来的发展,"以浦代淞"这一说法,得到了多数人的肯定。笔者尝试溯源,浅析吴淞江的源头是否就在吴江松陵垂虹桥东侧。

太湖的形成,主要是来自浙江天目山的苕溪和江苏宜溧山地北麓的荆溪,以及湖州江苏等周边地区的众多溇港注入,汇集而成。古时候,太湖的下泄出水口在菀坪浪打穿至松陵瓜泾口一带,唐宋以后,出水口"逐渐北移,以吴江长桥为要口,元明清间长桥淤浅,乃以瓜泾口为上源"(《吴江县志·河流湖荡》)。此时,太湖水由松江(今吴淞江)、娄江(浏江一带)和东江分泄入海,合称三江,《尚书·禹贡》中所谓"三江既入,震泽底定"也来自于此。后来,娄江、东江淤废,三江中最宽阔的松江是太湖下泄的主要通道,维持了很长一般时间。古人曾以"吴淞之水震泽来,波涛浩瀚走鸣雷"的诗句来形容太湖之水滚滚东去的情景。对于太湖泄水,吴地还有着"吴江十八港""震泽七十二港"之说。

  由于地理环境的交替影响，茭芦塞路，太湖泄洪水道在历史长河中几经变换，原本气势磅礴的吴淞江这一响亮的名号已渐渐淡出世人的视野。流淌至上海的吴淞江，也被人气鼎盛的黄浦江所替代，只留下了细小的吴淞江和吴淞口这些名字。追溯吴淞江的源头，探讨吴淞江的历史贡献和衰落以及黄浦江的崛起，重新审视松陵盛家厍和垂虹桥的历史地位，这对开发建设盛家厍历史街区、设立黄浦江历史源头标志，有着非同一般的历史性意义。

  对于吴淞江源头，大凡从太湖泄水说起。很多人倾向于"瓜泾口"这一港名，认为吴淞江的源头在瓜泾口。其实，该观点只说对了一半。

  早期真正的吴淞江源头应该在松陵，也就是在垂虹桥（旧时也称长桥）堍。建垂虹桥之前，这一带是茫茫一片水域，湖河纵横，是太湖的重要出水口。后来这里开凿运河，建"吴江堤"，修"至正石塘"，才逐渐显现河道水流，阡陌纵横。吴淞江的水域地位，为太湖泄洪引领了航向，起了主导的地位作用。至于吴淞江与太湖的关系究竟如何？各类史料书中有很多记载，在此不妨摘录几段。唐陆广微的《吴地记》中说："淞江，一名笠泽，一名松陵江，一名吴淞江。自太湖分流，出吴江县城东南之长桥，东北流合庞山湖在苏州府南二十里。又东北经唐浦苏州府东二十五里，折而东南流"。明《松江府志》第二卷中有："今松江自吴江长桥东流至尹山，北流至甫里，东北

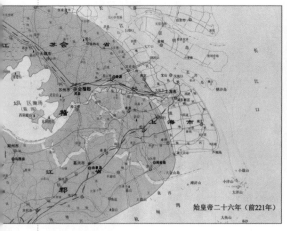

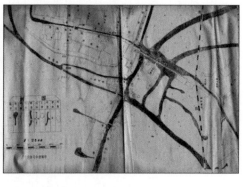

【左】"三江既入，震泽底定"三江流向图
【右】1949年的吴江县城厢地图

流至淀山，北合赵屯浦，又东合大盈浦，又东合顾会浦，又东合崧子浦，盘龙凡五六浦，至宋家桥转东南流与黄浦会而入海。"百度文库（吴淞江·苏州河）中这样记载："庆历八年建有吴江垂虹桥，也叫长桥，仍是松江第一要口，宽千余尺。此后，吴江长桥河淤浅为两条细流，松江进水口北移，瓜泾口遂成为吴淞江源头，但泄水量已大不如前了。"又如清阎若璩《尚书古文疏证》文中说："案太湖自吴江县长桥东北合庞山湖者为松江。"元潘应武《决放湖水方议》中说："长桥系太湖众水之咽喉。"明归有光《水利论》中说："太湖之广三万六千顷，入海之道独有一路，所谓吴淞江者。"莫旦《吴江县志》中说："太湖三万六千顷……俱聚潴于湖，而由吴江长桥东入松江、青龙江以入海。"《垂虹秋色满东南》一书中说："垂虹桥位于太湖之尾，松江之首。""古松江源远流长，其首实在吴江，故昔人多称吴江为松江。"康熙《吴江县志·卷四》记载："太湖由吴江长桥东入松江，又东入青龙江以入海。此则吴江右承太湖之尾，右据吴淞之首，正当江海交激之会也。"再如，乾隆《吴江县志·卷四十一》记载："吴淞江西接太湖东通大海，前代屡浚屡塞，不能经久。自吴江长桥至夏驾浦约百二十余里虽云通流，多有浅狭之处。"光绪《吴江县续志·修筑垂虹桥议》中说："吴江介湖海之交，中有吴淞江，为湖水东流入海要道。"《上海通志》中说："元明以后习称吴淞江，最早正源出自江苏省吴江县南之太湖口（今吴江城南），河道宽阔，太湖下游主要出水口。"素以研究严谨而著称的史学家王文楚也在《古代交通地理丛考》一书中指出："从上述诸点推测，大致唐宋时期，吴淞江的正源口已在长桥口，也就是太湖口。江自太湖长桥出，径甫里而至青龙镇。"

再考察几张老地图，早年吴淞江的地理方位就更是一目了然。一张1949年时的吴江县城厢图，在图的下方，明显标出了"吴淞江"河道，也就是如今垂虹桥至红桥的河道。出自《太湖备考》，是一张反映垂虹桥与吴淞江的关系图，显示文字"长桥为吴淞江上游"。明《吴江水考·吴江水利全图》中垂虹桥下端清晰标明了"吴淞江"三个字，并一直延伸到瓜泾口一带。起源于垂虹桥堍的吴淞江，在古代地图中被标示出来，这样的例子不胜枚举。地图从另一个方面论证了吴淞江源头的位置所在。如明嘉靖《吴江县志》的县郭旧图,清康熙《吴江县志》县郭图,这两幅地图中,都在垂虹桥的紧靠上方,标示了"吴淞江"和"古吴淞江"。

再者,由于垂虹桥所处的地理位置独特,是太湖和古吴淞江的交汇处、通泄洪水的主要通道,因而,在这湖海交激之处,观察水位涨落,建立水位测试碑就显得相当重要。宋宣和二年(1120),在垂虹桥垂虹亭北之东西,立有两块水则碑,东面的名为"左水则碑",西面的名为"右水则碑"。1964年6月,国家水利部赴吴江实地调查时,右水则碑仍在垂虹桥原处。水则碑是我国古代有名的水位站,在水利史上占有重要的地位。它设立于垂虹桥处,足以证明太湖与吴淞江紧密的关系和渊源,同时也是见证与研究太湖流域近八百年历次洪水的重要物证。同样,在垂虹桥南侧建有太湖神庙,也从传统祭祀方面印证了太湖水在此东泄入吴淞江,是一处利害关系甚重的要地。此庙原在醋坊桥,也称"松陵庙",在1586年间,移置垂虹亭南。由于"吴江地处太湖之滨,而太湖乃东南水都,利物之功甚博,水患之灾亦多,利害关系至关重要,因此特建太湖神庙",以至"蛟龙不惊,风涛晏如。民居安堵,农田以奋"。作为地标性实物的水则碑与太湖庙同在湖海交激处出现,这赋予了吴淞江源头的特定的含义。

另外,垂虹桥、红桥上游的吴家港公

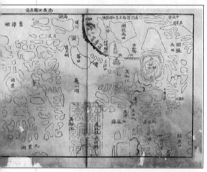

【上】《吴地记》图之一

【中】明《吴江水考·吴江水利全图》中的垂虹桥与瓜泾口

【下】垂虹桥与塘路的修筑,在一定程度上扼制了太湖的泄洪

园,也证实了这条名为"吴家港"河流曾经的历史。清《太湖备考·卷二》中记载:"吴家港,今称西吴家港,北流直对长桥,故名北吴家港。又即古吴淞江口,故《水考》称为'长桥吴淞江'。"在乾隆《吴江县志·卷四十二》中记载:"太湖……东流不半里,北至长桥吴淞江(按:吴家港至长桥约五里,此云不半里),至长桥吴淞江者,尽吴淞之口与吴家港相并,今俗名西吴家港,又名北吴家港是也,北流直对长桥,故曰长桥吴淞江也。"吴家港很短,却是连接太湖与吴淞江的纽带,是一个重要的环节。如今在吴家港公园的南端,还有吴家港闸、吴家港桥,这些名称都为我们留下了一个地标性的记号。

从上述史料文字和实景地标中可以看出,吴淞江源自于松陵垂虹桥一带是确凿无疑的,这也是经过大量论证后得出的可靠结论。所以,吴淞江古称松江,亦名松陵江、笠泽江,也是这个道理。至于吴淞江往下游如何流向上海、流向大海,这是后话。

随着历史岁月的沧桑巨变,太湖水泛滥,滩涂淤积,沙泥沉积。唐代之后,吴淞江江面逐渐缩窄,从唐代的二十里宽到宋代的九里、五里。"而后至元代,随着吴淞江的逐渐淤浅,水道变迁,往来海船已不能驶入青龙镇港口。"(上博考古部研究员何继英)北宋郏亶《水利书》中称:"长桥,正太湖东岸泄水下吴淞江入海第一要害处,筑堤建桥,虽为挽路之利,而下流浅狭,潮沙壅积,病实基于此。"由此可见,垂虹桥的修建,以及运河西岸的"吴江堤"和"至正石塘"的相继筑成,虽便利了交通,但的确给太湖泄水造成了一定的影响,也加速了塘路以西太湖滩的淤涨成陆趋势。有关这片水域演变的情况,元大德三年(1299)都水庸田使麻合马嘉就上书朝政:"因上源吴江州一带桥洪塘岸桩钉坝塞,流水艰涩。又因沿江水面,并左右淀山湖、泖诸处,权豪种植芦苇,围裹为田,边近江湖河港,陷口沙滩,滋生茭芦,阻截上源太湖水势,以致湖水无力,不能汛涤潮沙,遂将江口淤塞。"到了明初,吴淞江的淤塞已到了极端严重的程度。"自下界浦抵上海县南跄浦口,可百三十余里,潮沙壅障,茭芦丛生,已成平陆。"(《松江府志·水下》)吴淞江淤塞,太湖之水难以宣泄,泛滥成灾。所以,垂虹桥再也难以担当太湖水的泄洪重任，太湖出水口逐渐北移，由瓜泾口为主要泄水处，直接进入吴淞江。百度也如实记载了"吴淞江源出太湖瓜泾口，穿过江南运河，流经吴江、苏州、吴县、昆山、嘉定、青浦等县市，在上海市区外白渡桥附近注入黄浦江"。遗憾的是，百度漏记了吴淞江作为太湖出水口的前段历史。《续纂江苏水利全案·太湖全图》中也记载："吴淞江受太湖之水经吴江、元和、昆山、新阳、青浦、嘉定、上海七县之地以达于海。"由于垂虹桥与瓜泾口同为吴江所属，文中没有详细注明太湖水出于吴江哪一处。

虽然太湖出水口由垂虹桥改为瓜泾口，但整条吴淞江河流仍改不了淤塞的现实状况，几经疏浚整治，也难挽颓势，终为他江所替代。

而如今大名鼎鼎的上海黄浦江，早年是源于吴淞江的。早在宋代，吴淞江边出现了一条名为"黄浦塘"的小小支流，与宽广的吴淞江相比，它只能算作一条小溪，最宽处也只须"尽一夫之力"。明永乐年间，由于吴淞江中下游泥沙淤积，户部尚书夏原吉奉命治理太湖水患，放弃已成痼疾的吴淞江下游入海的旧江，动用二十万河工改造河道，把太湖水引向黄浦江，一是"挚淞入浏"，从吴淞江中游段分流改道由浏河出海；二是"以浦代淞"，开挖范家浜，形成一条干流，使黄浦从今复兴岛向西北流至吴淞口入注长江，这便是今天的黄浦江的由来，故有"黄浦夺淞"之说。当时户部尚书夏原吉也称"大黄浦，乃通吴淞要道"。此后，吴淞江成了一条波澜不惊的内河，黄浦江

吴淞江与黄浦江的历史演变图

和吴淞江完成了一次干流和支流的位置更换。上海开埠后，居住在此的外国侨民乘船沿吴淞江来到苏州，他们由此把上海境内的这一段河称为苏州河。称雄几百年的吴淞江，则逐渐退于次要地位。由于海岸线的东移，早年的吴淞江终结处青龙镇，也萎缩成了内陆的青浦镇。

综上所述，上海黄浦江源于吴淞江，吴淞江则起源于松陵垂虹桥，这一历史演变的成因，为研究江南水利提供了丰厚的依据，也为如今垂虹景区、松陵盛家厍这一片区域注入了许许多多的文化底蕴和历史脉象。结合松陵盛家厍街区改造，打造吴江城市客厅，建造黄浦江（吴淞江）源头纪念碑，复建水则碑和太湖庙，回归历史的原貌，有着重大的地标性意义，同时也是历史赋予当代人的责任。

浪打穿"界桩"

第四章

2013年的国庆长假期间,我随松陵今昔漫聊群的群友一起,前往太湖边菀坪诚心村原浪打穿处,探寻一根民国年间竖立的碑桩,因它是见证历史上太湖围垦的仅存实物体。因而这次远行,是怀着一种虔诚的敬意,去追寻那桩的前世今生。

在浪打穿处,距堤约五十米的干涸湖底里,一根柱子孤傲而倔强地伫立在一堆草丛中。上面"一七六"三字清晰可辨。为了看清桩上的其他文字,我们绕道直奔干涸湖底,踩着泥泞的、不成形的小道,跨过几段险处,终于抵达那根久闻其名的碑桩脚下。

碑桩距地高约二点八米,方形抹角,边长约二十八厘米,桩为青石子钢筋混凝土

第一七六号的湖界桩

浇铸，桩的上部四个面上都有凹字显现，分别是："江苏省政府立，二十六年""湖界""江苏省政府立，二十六年""一七六"。望着这根斑驳的、近八十年历史的湖界桩，我们对它来由的追忆被激发起来。

湖界桩的出现，先要从太湖围垦、拆围说起。

浩瀚太湖三万六千顷，是中国第三淡水湖。湖水主要是来自浙江天目山的苕溪和江苏宜溧山地北麓的荆溪，以及周边地区的众多溇港。古时候，太湖的下泄出水口在菀坪浪打穿至松陵瓜泾口一带，"唐代以前，南起浪打穿北至瓜泾口的太湖水域，都是松江上源"。（《苏州山水志》）

在泄洪过程中，作为太湖流域的一个地名，"浪打穿"是一个被多部史志书籍提及的地名，它以风高浪急而著称。据讲浪打穿的来由，一说是太湖惊涛拍岸打穿岸石，难以围垦；另一说是芦苇丛生一望无际，唯有浪头急骤打压芦苇时方可看到远方天际。总之，浪打穿在菀坪、在东太湖，都是一个标杆型的地名。

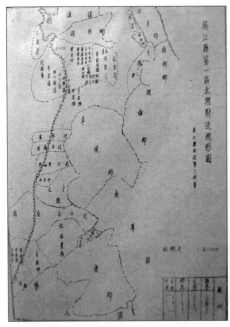 

【左】吴江县第一区太湖附近地形图
【右】乾隆十五年《太湖备考》吴江县沿湖水口图

在唐代元和五年（810），苏州刺史王仲舒"堤松江为路……建宝带桥"，从一片白水中初步沟通了苏州至松陵镇的驿道，后人称之为吴江塘路。后来从1023年至1047年间，吴江知县李问和县尉王庭坚又兴建了垂虹桥。还建"吴江堤"，修"至正石塘"。把松陵以南达王江泾的塘路联成太湖东面、南面的环湖堤，自此古湖堤全线贯通。

古湖堤形成后，虽然便利了交通往来，但也加快了堤湖之间的沙泥沉积、淤积成陆，太湖边滩陆地逐步向湖面推进。北宋郏亶的《水利书》中称："长桥，正太湖东岸泄水下吴淞江入海第一要害处，筑堤建桥，虽为挽路之利，而下流浅狭，潮沙壅积，病实基于此。"可见，这些塘路、大堤、桥梁的建成，为以后的围湖造田打下了前期基础。

到了明末，吴江东太湖浪打穿这里，原来的一片沼泽地出现了成片芦荡草埂，纵横数十里。清康熙年间即有人垦殖，有的已成稻田，有的种植芦茭，只是当时围垦者极少。1713年，又有势豪禁止农民罱泥撩草，以图湖滩浮涨地加速淤积。吴江知县徐祖望在县衙前立永禁占水碑，禁垦草埂（今菀坪一带），这次立碑，开创了太湖流域首次立碑禁垦湖田的先例。

同治、光绪年间，河南省光山、罗山一带农民，因避天灾兵祸，携家带眷，先落脚安徽广德、浙江长兴、安吉及江苏溧阳等地，后结伙向东太湖地区发展。光绪十七年（1891）年乡民沈庆余首先在太湖滩涂上围湖造田，圩名足字圩（今属氽港村），翌年又围室字圩（今属氽港村）。两次围湖，当年受益，影响很大。于是外来客民呼亲唤友成群结队前来围湖。当时菀坪全境共有大小圩七十多个，全境滩涂围垦殆尽，私围湖田达千余亩。面对这样汹涌的围田，光绪二十八年（1902）震泽知县夏辅咸准许围平沙草埂湖田，浪打穿一带遂围垦殆尽。

由于湖田投资少，收益高，占垦业户都隐匿不报，逃避税赋，而且有的影响到湖水的通泄。因此，在20世纪20年代开始就受到了民国政府的关注，并设立了"太湖流域水利工程处"，专门成立"太湖湖田清理处"，负责此项工作。

直至民国24年（1935），菀坪这一带反反复复地禁围、拆围，折腾了好多年。其中民国3年（1914）陆声扬、胡定邦等在浪打穿私筑圩围四个，县知事丁祖荫奉谕查明禁止，在浪打穿立"永禁占水碑"，严禁在浪打穿一带围湖造田。到民国7年（1918）5月17日，县知事李世由雇工二百余人，才将那四个圩围以及周边的诸多围岸一律铲除，并立碑禁垦湖田。民国23年（1934），适逢大旱，东太湖几近干涸，造成了客民们大量涌入，竞相围垦。并出现了如共成、民生、开南、松陵等公司性质的团体组织，被围圩数共有大小一百五十多个，湖田面积达八点五万亩。这些围田面积之广、圩埂之坚、工程之速，绝非以前一般农民围垦可比，更何况这些围垦侵占湖心，妨碍水道，对水利的危害是非常明显的。当时民国《吴江县政》有所记录："太湖东部，地势较低，为宣泄要隘，乃以水势下冲，日久淤塞，一遇天旱，辄成干涸，嗜利之徒，从而围筑，占湖为田，竞垦之风，于兹以起……遂致太湖东岸，汪洋变为陆地，与水争地，言之痛心！"

东太湖的无序围垦，导致太湖水下泄不畅，严重地阻碍了农业发展和水流平衡的规律。"自东太湖大部分围筑成田后，每遇霪雨，则上游嘉湖等处，积水难退。一逢亢旱，则下游江吴昆青诸地，悉成干涸。水旱频仍，影响农田，殃害产物。曷可胜举，要皆圩围堵塞，蓄泄不畅，有以形成，长此以往，非特全部咽喉，被其阻塞，且恐整个太湖，亦将填成大陆，后患殊属堪虑。"（《吴江县政》）所以说，清理整治围圩，竖立界桩，保证蓄泄畅通，成了20世纪30年代吴江民国政府的一项重要工作。

由于围垦太湖涉面广泛，情况复杂，年久事多，禁围事务时断时续。到民国24年（1935），在制止乏力的情况下，县长徐幼川报请江苏省政府裁处，省政府责成财政、建设二厅，会同扬子江水利委员会和苏州区清理湖田办事处，逐圩查勘，确定湖面界线。6月1日，扬子江水利委员会派代表金家凤（前太湖流域水利委员会委员）、副工程师刘衷炜、江苏省建设厅工程师王师曦、吴县县长吴企云、吴江县县长徐幼川、贾某（太湖测量队分队长）、郑福（吴江公安局局长）、董载泰（吴县政府科长）及地方人士张一鹏、金天翮、孔宪高等人，会同入湖勘察围田，"经查，各圩围田均宽广千百亩……大规模围田横截东太湖水流，不仅影响横泾及吴江滨湖一带农田水利，而且太湖之水与下游因而隔绝，吴淞和娄江之水源遭阻塞，其后患无穷"。(《吴江水利志》)江苏省政府为制止围垦太湖，遂决定强制拆圩。

7月，派出测量队沿湖测量各处地形及湖内浅滩、湖底水深，并按泄洪排涝与生产垦殖双方兼顾的原则，规划湖界，划分垦区，确定行洪路线和行洪道断面设计标准。然后，徐幼川征工一万四千名，用一个月的时间，在吴江境内东太湖开掘缺口七百多处，拆围恢复水面两万九百五十余亩。当然，拆围不是易事，其工程经历了"会勘""调查"、民众"请愿"、政府"解释"、"督拆"等事项。在《江苏省制止围垦太湖湖田办法大纲》(以下简称《大纲》)的指导下，拆围工作有了新的具体标准(如规定拆除民国17年8月后私垦的湖田)，所以较为顺利。《大纲》规定"凡查明未经核准承领之私垦田荡，无论已围未围，应将垦户拘办，勒令限期拆除围埂，铲除种植物，恢复原状，永禁占垦"。"以后如查出仍有私围情事，除照第二条办理外，县长及该管区长均予以相当处分。"

为配合《大纲》的实施，根据前期勘察围田的情形，民国26年(1937)

【左上】省政府督察员顾峤若氏视察禁垦现场
【左下】民工们正在拆围
【右】东太湖湖田位置图

2月,省政府商请扬子江水利委员会拟定东太湖界线,以定浚垦范围。4月1日,江苏省江南水利工程处成立东太湖界桩工程队,以省政府确定的东太湖水面为界线,植立钢筋混凝土界桩两百四十四根,界桩有六米之高,分别置于吴县、吴江湖面明显地点,分清围垦责任,并在松陵、八坼、南厍、越溪（今属吴中区）立东太湖界线图石碑四处。吴江境内界线与今天现存的防洪大堤走向基本一致。界桩以太湖为中心,桩内为湖,永禁围垦,桩外为田,发给执业单。有了执业单,也便于收缴农田税赋。在菀坪沿湖边共打下了界桩十九根。为此,江苏省政府在民国26年2月特颁发《布告》："在此界线以内,一律不准围垦及种植茭草芦苇,以保存储水面积一节,所定界址,亦尚适当,应准照办……嗣后不得再有越线私围植草情事发生,以重水政。倘有故违,定予严重破坏,切切此布。"

现在诚心村草港口外的这一根,编号为一七六号。其余的界桩,在日后的动乱岁月中,有的被拆除,有的自然倒塌,逐渐消失在人们的视野里。

小小一根湖桩,屹立到现在也有近八十年的历史。它所承担的责任,在当年可以说是重如磐石。在桩的身上我们可以看到,历代疏浚太湖,禁垦围田,都是一项浩繁、复杂甚至是拉锯战式的工程。但是每一次的整治,都对太湖流域做出了贡献。

如果从吴江在1713年首次立"永禁占水碑"算起,迄今已逾三百年。从树碑到立桩,再到今天的东太湖整治,不难看出三百多年来吴江人民对身边东太湖的情深依恋和悉心呵护。但愿这根历史留给我们的当年治理东太湖的唯一"湖界桩",能有一个好的归处。

吴江蚕种场洗匾码头

第四章

随着松陵盛家库历史文化街区的有序改造推进，有着深厚文化底蕴的盛家库历史，渐渐露出了原本的面目，集市的辉煌，沧桑的变迁，为盛家库烙下了多道印痕和几多的无奈。走入盛家库，无疑是对古松陵的最后一丝追忆。

盛家库位于松陵镇的南端，是松陵三大集市之一。从尚存的街区旧貌，依稀还能辨出这儿昔日的繁华，一些遗迹也能让人回忆起它们往日的身影。在盛家库新桥河的北面，现松陵镇中心小学是原吴江南门蚕种场的旧址，学校幼儿园大门口的一座河桥，也称河埠码头，曾是蚕种场的专用洗匾码头。这座河桥有着与众不同的造型，中间是台阶式的，长有四点一米，从岸上直通河里，共有十一个台阶，右侧是贴水很近的一个大平台，长有十点四米，进深有二点一米；左侧是介于路岸与大平台间的又一个稍小的平台，长有六点六米，进深有一点六米。这左高右低、中间是台阶的奇特码头，是吴江松陵蚕桑事业留下的唯一佐证，这一座总长达近二十二米的洗匾码头，见证了吴江蚕桑发展史，对蚕桑文化研究有着一定的参考价值。

松陵镇紧靠太湖，适宜种植一些小型植物。从20世纪20年代以来，吴江太湖边一带养蚕业非常盛行。特别是科学养蚕方式的推广，更是受到了吴江蚕农的喜爱和欢迎。在吴江人郑辟疆、费达生、李权等人的带领下，以南门友声蚕种场为首的多家蚕种场先后在松陵开办。

1924年，创于上海、兴于浒关的江苏省女子蚕桑学校推广部鉴于吴江自然条件优越，适宜于推广科学养蚕、改良品种等新技术的实施，来到吴江实施推广。而毕业于该学校的费达生、李权以及郑蓉镜、张秀和、周漪琴等人，每人筹资一千两百元，共集资金六千元，在吴江南门外首创了友声蚕种场，由李权任场长，费达生任经理，张秀和任技术指导，周漪琴负责事务工作。经营第一年，便生产出蚕种四千张，定名为"五星牌"蚕种。当时由无锡蚕业推广部负责经营代销，"五星牌"蚕种与浒关种场的"银锡冠"蚕种同为佼佼者，品质优良（蚕丝丝长，出丝率高），深得太湖周边地区以及庙港、横扇、七都、八都、桃源、严墓、青云、南麻等地广大蚕农的欢迎，蚕农们纷纷采用该品牌蚕种，渐渐地淘汰了自育的土蚕种。"五星牌"蚕种一时大有供不应求之势。后因业务扩大，到1930年时友声蚕种场又在南门外扩建场址，占地六十多亩，逐步建造改良蚕室、催青室、冷藏库等房舍设备，并栽种桑地六十亩。为了扩大蚕种之产量，又在吴江北门设立友声分场，由李权负责经营。友声蚕种场殚精竭虑，苦心经营，作为首家蚕种场，为吴江科学蚕桑生产事业的发展做出了很大贡献。

随后，在1933年由费彝锦、施文卿、沈培生等人在西门外（今工商银行处）创办了天元蚕种场，生产"龙虎牌"蚕种，其质量不亚于"五星牌"。同年，安徽人、蚕种专家张之煌和爱人吴金林从浒墅关来到吴江，在下塘街开办了永康蚕种场（笔者注：吴江永康路商业街的路名源于此来历），生产"双龙牌"蚕种。当时，吴江的蚕桑生产事业达到了鼎盛时期。1934年5月，吴江县被列为江苏省蚕桑改良区。

在友声蚕种场的发展过程中，注重蚕种产品质量，提高蚕茧丝产出，改良品种，并于1933年设立了技术培训班，招收学生黄亚民、蔡荣玉等十余人，传授蚕桑技术，培育骨干力量，为进一步发展蚕桑生产事业奠定了技术基础，受到吴江蚕农的广泛欢迎。后来受战争影响，友声蚕种场遭到日寇

【上】吴江南门蚕种场
【下】洗蚕匾

洗劫，冷藏库、蚕室等毁坏殆尽，所栽桑地也被砍伐破坏，生产不能继续，被迫停业。到1945年日寇投降，各个蚕种场大多易人经营，南门友声蚕种改名为义兴蚕种场，由施育德经营，年产新品"将军牌"蚕种六千张。北门友声蚕种分场改由周敬祥经营，品牌仍为"五星牌"，年产蚕种三千张。西门天元蚕种场改由李权、周元恭经营，品牌仍为"龙虎牌"，年产蚕种三千张。永康蚕种场则仍由张之煌继续经营，年产"双龙牌"蚕种两千张，新中国成立初期盘给沈雅云、陆正丹经营。这段时期，吴江蚕桑业虽遭重创，但蚕种场仍尽力恢复生产，为满足广大蚕农之需要，继续育制蚕种。1956年这四家蚕种场合并为公私合营吴江县蚕种场，统一由政府经营管理。依靠科技人员和广大职工的共同努力，使整个蚕种场改变了面貌，促使蚕桑事业繁荣发展，蚕种年产量大幅度上升，丝的质量也赶上了日本的水平。

在养蚕育种中，蚕匾的使用是少不了的。蚕匾，就是用竹篾编制而成的养蚕用具，用以盛放桑叶和放养蚕宝宝。到了清明育种时节，给这些蚕匾清洗、消毒也是一道重要工序。因而每个蚕种场都有一个或几个专用河埠码头，用于洗匾。像天元蚕种场的洗匾码头就在西门流虹桥的北侧，永康蚕种场的码头在西塘河的一个湾塘里（笔者注：现亿佰广场门口处），而友声蚕种场的码头在新桥河中段。由于蚕匾宽大,像只圆桌面似的,所以洗匾码头也相应要宽广些,便于清洗和摆放。

友声蚕种场一到洗匾时段,河埠周边飘浮着只只蚕匾,有的须浸泡,有的要轮着洗,洗涮工具有长柄扫帚,也有短柄软刷。工人们蹲或站,在那贴水的河埠平台上,对蚕匾逐一正反两面洗涮,弯腰弓背,一天劳作下来,十分劳累,再说浸过水的蚕匾是很沉重的,需要两个人抬着才能运到那稍高一点的平台上去,排放整齐,等它晒干凉透再搬入蚕室。此时的河桥就像一个立体舞台,热闹非凡,台阶上、岸上错落有致的忙碌身影,河边上嬉笑怒骂的调侃声响,交织在河埠码头,似乎在向路人告示——养蚕的时候到啦!

后来随着经营状况的下滑和蚕桑产业结构的调整,以及桑树种植的减少和环境污染的影响,松陵的蚕桑业逐渐缩小,直至退出公众视线。吴江蚕种场于2003年转制,有着九十年多历史的蚕种场以及其他种场,都悄无声息地告别了昨日的辉煌。只在柳胥那儿留下了一间象征性的催青室和一家小规模的蚕桑股份有限公司,为松陵蚕业支撑着一点脸面。

曾经荣耀的吴江蚕种场,而今已不见踪影,给后人留下一点念想的,只有那新桥河边的洗匾专用码头。这条曾经叫过"烧香河"的绕城河流,见证了"两岸桑麻望郁葱"的历史演变,相信它也记录下了吴江蚕桑史的来龙去脉。

一座码头,一段柔情的吴江蚕桑事。

新桥河边上的洗匾码头

写生作品记松陵

第四章

20世纪50年代出生于松陵的我，对江南这一小镇始终充满着温馨感恩之心，除了因为这是生我养我的血脉之地外，这里的每一条小巷每一个角落都会让我心醉留恋，让人魂牵梦绕。那时的松陵和其他江南古镇一样，浸淫在安逸、祥和、宁静的氛围里。虽然是计划经济时代，但小镇上的生活比起农村和边远贫困地区，还是显得较为富庶的。

前些日子搬家，在整理东西的时候，一大包我当年的写生美术作品被翻了出来。这些旧作品随着我六次搬家都没被扔掉，因为作品里存放着我年轻时的梦想追求和辛勤汗水。抚摸着这些习作，望着色彩依旧亮丽的画面，心中不由感慨万千，随着张张画面的翻动，一幅幅仿佛昨天的景象，在我的脑海里迅速展现出来……由于当年没有相机，那些旧时的风景也随着城市改造渐渐消失，所以望着作品中留下的景物，不由勾起我对往事的追忆。

从小受大哥的影响，我喜欢上了画画。就是在下放农村的五年艰苦岁月里，我也没有放弃对美术的追求，坚持自学绘画，给农民画素描，对农村风景进行写生，苦练基本功，并报名参加了苏州桃坞职工业余学校学习。在70

年代末期80年代初期，我时常与高中好友谢元明、朱蒙背着画夹结伴穿梭在松陵镇上和周边农村，进行写生绘画。

那时的松陵，恬静宜人，风貌依旧，街道建筑、小巷小弄几乎与民国后期格局一样，没有大的改动。错落有致的房屋，布满沧桑的路面，别具一格的造型，地标明显的建筑，小桥流水人家，萌芽般的新房等，都是我写生描绘的对象。对于画画者来讲，这些江南特有的物景，足以当作我们天然的教材。我放弃休息，放弃玩耍，我在汲取艺术养料的同时，也无意间为当年的松陵留下了许多不可多得的实物写照，这些写生画真实地成了那个年代松陵的影子。

下面以简述的形式，追溯当年作画的情景和今天的变化。

大运河之畔的吴江轮船码头，曾经承担过吴江交通职能的主要站点，是百姓出行的必选地，也是京杭运河、苏申苏震航线的重要码头之一，在20世纪中发挥着重要的航运码头作用。在1980年的11月16日的那一天下午，我走过高高的三里桥，来到运河拐弯处，面对河对面不远的轮船码头，我坐在河边上，画笔蘸着运河水，用笔墨记录下了轮船码头的此情此景。而今，吴江轮船码头已成历史，码头旧址也成了运河景观公园，它那曾繁忙的经历被永远定格在了画中。

吴江轮船码头

当年西城门外，是我写生的主要场地之一。那里的西门电灌站是城外的地标性建筑，电灌站不仅为松陵西片区域提供着农田灌溉，两条向西（现双板桥路）、向北（现鲈乡北路）的渠道也是人们出行的主要通道。红红的房子，配上周围绿绿的田野，这样的搭配，绝对是写生的好素材。如今旧红房仍在，但周边已是车水马龙，面貌焕然一新；向北的渠道也拓展为今天的鲈乡北路。两幅作品分别画于1981年6月14日和1979年10月13日。

20世纪70年代末期，吴江轧钢厂曾风光一时，能进入该厂工作是许多年轻人向往的一个目标。1979年7月22日的这天，我和画友尝试着深入火热的工厂炼钢车间，体会那奔腾的铁流和劳动者的汗水，在高温陪伴下，我画下了多幅难忘的景象。现在旧址上耸立着吴江第一人民医院的新大楼，昔日那

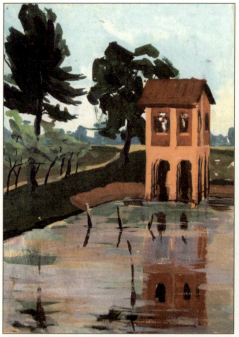

【左】西门电灌站
【右上】西门渠道，现为鲈乡北路
【右下】吴江轧钢厂

钢花飞舞的壮景,只能留在松陵人的记忆里了。

　　街景在写生中是一个重要描绘对象,江南民宅那特有的建筑造型和斑驳的色彩,给了我无限的艺术挥洒空间。中山街是松陵一条繁华的大街,站在中山街北门口回望城里,别有一番风味。作于1983年8月11日的这幅画里,左侧是原松陵镇镇政府旧址,画的右侧是红枫造纸厂门面。中山街北门口的风貌跃然纸上,令人回味。因为大会堂的缘故,庙前街至中山街这一区域,一直是镇上的热闹中心。特别是庙前街在70年代末期到80年代中期,曾一度成为城中小菜场集散地,使得这里人气骤增。作品画于1979年10月,画中右侧就是庙前街上的玻璃钢顶棚。

　　北门街是松陵镇上的三大商业集散地之一,是城北居民的商业圈,那里有酒店、茶馆、肉店、烟杂店、酱园店、煤球店、理发店等店铺,更有松陵唯一的孵坊商店。由于不远处有轮船码头的缘故,这里也成了进城的通道,图为1983年8月10日的北门大街以及北门杨家桥一景。同样,北门城门东侧通余浜河边的一幢民国建筑,也是风格迥异。该洋房建于20世纪30年代,青砖白墙,临街水泥贴面,置有拱形门窗,墙面上贴有水稻等农作物图案,它是庞山湖农场的办公楼。据传,日本鬼子侵占吴江时,这里曾驻过警备司令

【左】北门口看中山街
【右】庙前街

【左上】北门大街
【左下】北门杨家桥与民宅
【右上】通余浜民国建筑
【右下】儿童乐园

部。洋房前一条清澈小河通余浜,倒映着西洋式的建筑风貌。作品画于1981年10月25日。如今洋房被列为吴江文物保护单位。

20世纪80年代初,松陵公园采取了公办民助、各单位集资的方式在园内新建了当时唯一的儿童乐园,在乐园内还立了碑记。面对新景观,1982年5月31日,我拿起画笔,写下了我对乐园的片刻记忆,而今这里是息楼南侧的临时演出场地。下塘街的卜家弄,是镇上众多弄堂中一条很有味道的小弄,对于绘画者而言，其色彩、造型、环境等是很适合写生的弄堂。在1980年10月19日的下午，我坐在弄口，细心地描绘了此情此景。现弄堂已拆，在弄的北面新建了停车场。

　　江南水乡离不开桥的陪衬，各种桥梁也为水乡增添了另一种记忆中的坐标。同样，桥也成为美术爱好者写生的对象。松陵油车桥原名叫碓坊桥，横跨西塘河（旧称东濠、七里塘），只因在桥东侧曾有过榨油坊，故名。碓坊桥初建年代无考。到清顺治初时重建木桥。康熙四十二年（1703）改为石桥，上有桥联：十里烟波通蠡市，三秋风月饱鲈乡。后桥又废。到20世纪70年代时，只有木桥一座，此桥高高的、窄窄的，桥上没有扶栏，胆小的人是很难走过去的。我写生的日期是1978年9月3日，如今油车桥在旧桥的南面。那时的公路桥也是一大特色，此桥位于现吴江第一人民医院东侧227省道上，画于1981年8月15日。

【左】下塘街卜家弄
【右上】油车桥
【右下】轧钢厂处公路桥

松陵最著名的桥为垂虹桥，只惜在1967年5月2日倒塌，在其后的日子里，东端残存的多个桥孔一直作为通向吴江中学的道路路面，这一段桥孔路段，给许多学生留下了难忘的印象。我于1980年5月在桥的北侧一家东升木材加工厂处，对存留下的垂虹桥桥孔进行写生作画。后来这里建成了"垂虹景区"，陈旧的桥孔也修葺一新，再也见不到原味的垂虹桥了。

除了镇上，附近石里、新华、东升、吴模等农村风景也是我常常涉及的题材，因而也多少记录了一点松陵农村变化痕迹。当年新华大队一个打谷场与小桥的地方，如今是吴江宾馆门前，写于1981年5月20日。当年石里七队的地方，现为仲英大道与双板桥的交汇处，我在双板桥路盛世名门的位置上画小河西的一个砖瓦制作棚，写于1979年10月，如今那里是流虹苑小区。还有一幅，如今是连新村小区的一景，画于1981年6月2日。

还有一幅单色黑白线描作品，描绘对象是盛家厍的吴家港与新桥河交汇处的民宅建

【上】垂虹桥东堍残存桥孔
【中上】新华队的打谷场与小桥
【中下】石里七队制砖棚
【下】农舍

筑风貌和泰安桥，以简洁装饰的手法勾勒出一幅江南水乡的风情画，作品画于1986年10月。

回首往事，早年松陵的作品虽然画了不少。但平心而论，那时我还没有受过正规的美术教学，写生水平也不是很高，有的甚至很幼稚，全是凭爱好坚持了多年。那时除了色彩写生，还练了素描、速写等基本功，甚至深入农户为农民画素描，深入车站码头画速写。现在我们通过这些写生作品从另一个角度可以去感受松陵老城的风情，去体会那个年代的松陵缩影。也许我们都会怀旧，都会在心中勾勒出一幅自己童年的画卷和熟悉的老屋。红豆最相思，相思似春色。如今，这些旧画在无言地叙说着松陵的一段历史，撩拨着我一辈人的心境。

时过迁境，昔日的松陵小镇也变成了今天的吴江经济重镇。随着城市改造、撤县设市、撤市设区等变化，20世纪七八十年代的松陵旧貌几乎没有了，旧时松陵只能留在人们的心中。所以说，当年无意间的写生作品，成了一段写实历史。它将原汁原味地告诉我们一个真实的松陵。

吴家港与新桥河交汇处的民宅和泰安桥

小旅馆见证了
一对文化名人的爱情

第四章

　　这是一批特殊的客人，当年他们都毕业于上海戏剧学院，特殊的年代把他们与吴江部队农场连在了一起。在他们的同学中有著名文化学者余秋雨、现任《收获》杂志主编李小林（巴金的女儿）以及桂未明（杜宣的女儿）、张华胜（浙江画院院长）、张雷平（上海中国画院副院长、上海美协副主席，丈夫原为上海市人大常委会主任龚学平）等。他们在吴江部队农场三年的摸爬滚打，留下了许多难忘的故事。

　　与他们一起到部队农场劳动锻炼的还有原解放军艺术学院副教授李谷娜。不久前，李教授她们来吴江旧地重游。同行的还有儿童戏剧专家李婴宁教授（其父亲的党龄几乎和党史一样长），上海戏剧学院教授、中国酒杂志社主编鲁达，文艺理论家、博导、上海戏剧学院教授王邦雄，瑞典籍画家孙惠明，加拿大摄影家区国良等九人。

　　我受接待方邀请，陪同他们在松陵寻找曾经的足迹、曾经的记忆，我和他们兴趣盎然地行走在古镇区、松陵公园、盛家库等地，力求找回当年的痕迹。这段历史在我们吴江相关文史资料中没有记载，大家都感到很遗憾。

他们问了很多问题，也讲了很多动人的故事，而我只能尽我所能，满足他们一些希冀。我用我珍藏了多年的松陵旧照片，来让他们释怀对逝去岁月的追忆，寻找曾经熟悉的街道、房子、店面。

那天，李谷娜老师轻轻地问我："你有没有一张旧旅馆的照片？"我说"有哇"，随即找了出来。这是一座位于松陵镇中山街小园弄弄口的两层楼旅馆，时名为"东方红旅馆"。李老师见到此房，眼睛一亮，神情为之激动起来，再三请求我把旧照片拷贝给她，当时我的朋友也显出了为难之态。而李老师见状便动情地对我说道："这是我和爱人曾经在镇上唯一待过的地方，我一直记着呢！"见李老师如此怀念，我颔首允诺了。

在次日的旧地重游中，李老师向我讲述了她和这个小旅馆的故事。

李老师是革命军人家庭出身，父母都是新四军干部。当年她的伯父母就在新四军军部工作。她伯父是当代著名诗人芦芒（《铁道游击队》歌曲的词作者）。她出生后不久因父亲北上参加了淮海战役，母亲投入了部队的游击战，她就随着伯父母四处游击，到处为家，直至全国解放，才重新回到父母的怀抱。高中毕业时，她凭着良好的天赋考入了上海戏剧学院舞台美术系。但是命运弄人，在1968年"文革"运动中，有一批大学毕业生不但没有分配工作，还被转送到苏州，来到了吴江西侧太湖边的部队农场，进行军事化的

【左】部队农场锻炼留影
【右】松陵镇中山街东方红旅馆

管理和劳动。"文革"前的最后一批高校文艺专业的毕业生，就这样遭到了不明不白的"冷处理"。李老师正是其中一员，同样逃脱不了历史强加在她身上的桎梏。这段经历，在当代文化学者余秋雨的《文化苦旅》中的《江南小镇》《吴江船》两文有所描述。

  1969年，一个寒冷冬季，李老师的男友裹着大衣从山西农场风尘仆仆赶来吴江农场，在团部与分别了两年的李老师见了面。李老师的男友叫高峻，是比她高两届的同校学长，1962年以优秀成绩考取上海戏剧学院本科班，主修话剧表演，曾以一段对口词《夜袭虹桥飞机场》而名声大噪。高峻父亲是个大连的制鞋匠，家境贫寒，致使李家不看好这段婚姻。他俩这个恋爱谈得很辛苦，但很执着。朋友称他们是"忙里偷闲谈恋爱，终身伴侣应运生。女友本名李谷娜，上戏舞美高才生"。对于这段情，她们都很珍惜。高峻离开农场后分配到中央电视艺术剧团，后又到山西部队农场进行"再教育锻炼"，但他心里始终牵挂着还在吴江的小师妹。高峻几乎每周一封信，有时甚至三天一封，倾诉爱意衷肠。以至农场的同学们都知道他们这份浪漫而又曲折的恋爱历程，当然也成了那时农场枯燥生活中同学们的谈资。

  为了把恋爱关系稳定下来，高峻拿出了北方人的"憨"劲，不顾一切地来到吴江，劝说李老师把婚事办了。在此前，李母听说后，带上小妹，也从上海来到农场看望过李老师，意欲来阻止他们在农场成婚。果然，在当时的环境条件以及学生的身份下，成婚之事是很难办就的。无奈之中，高峻也感悟到"目前这是不可能的事"，沮丧的高峻只得在第三天悻悻地离开农场。由于有着良好的家庭熏陶，作为时任班长的李老师，在方方面面都得处处严格执行纪律，约束自己的行为，炽烈的情感只好藏在心里。农场团部领导鉴于这种情况，为妥善处理好这件事，特批了李老师两个小时的假，让她前往松陵镇，去送高峻一程。

  迢迢十里泥泞路，李老师和高峻相互搀扶着，气喘吁吁地路过靶子山，走过流虹桥，来到松陵城中。好在聪明的高峻在中山街上，租了一家旅馆的房间，作为暂时落脚之处。

  中午时分，宁静的旅馆，生意也不算多，恰巧给他们创造了一个诉说衷肠的良机。由于时间所限,他们只能紧紧相拥着倾诉各自的思念之情和分别之苦……就连旅馆服务员来询问要否热水,他们也顾不上要喝。几十年以后,李老师在回忆中依旧深情地说道:"真希望那个短暂的时间能停下来,多给我们一点分享……"

两个小时,让他们没有更多的时间缠绵,来自家庭的阻挠,不但没有成功,却让他们的心贴得更近,凝聚得更紧,迸发出更炽热的爱意。能见证他们爱情的山盟海誓,就是这座名不见经传的小旅馆。他们在旅馆小歇后,便匆忙赶着去了汽车站,在严寒中,彼此含着苦涩的泪花,难舍难分。此刻的李老师内心好比那太湖水,一泄无尽头,空濛迷茫,涌塞胸间。然而,回农场的时间紧迫,李老师只得带着盈眶泪水,孤独地奔回了农场,及时报到销假。

在此后的蹉跎岁月里,无论他俩走到哪儿,总会记起这家温馨而又美好的小旅馆,记住这难忘的两小时奔波历程。

在以后跌宕起伏的生活中,李老师还曾经历了一场"生死之恋"的险情。李老师坚守爱情,至死不渝,朋友称她是"上海豪宅换陋室,可怜谷娜一片情"。1970年离开吴江部队农场后,李老师先被分配在总政文工团话剧团,担任舞美服装设计,八年后又调到解放军艺术学院,担负起绘画和舞台服装设计课教学,直至副教授职称退休。她是活跃于我国京沪两地的著名女画家,她的作品多次参加国内外大展并被收藏。她所画的观世音菩萨像,独树一帜,在海内外有广泛影响。而其端庄的容貌被众人包括余秋雨等同学称为"美人"。

她那位才气横溢的高峻先生,在多年军旅生涯中,凭借自己的艺术才华,激情似火,笔耕不辍,先后创作出《边疆是我温暖的家》《怀念战友》《祖国啊,请检阅》《情满酒歌》《我们理解你》《爱在故土里生根》等一千余首独唱、重唱、合唱歌曲,还执导主持过大型央视春晚节目,在我国、我军词界、诗坛享有盛名,名字也被收入《世界名人录》《中国当代艺术名人大辞典》《中国音乐家辞典》等。高峻为国家一级编剧、国务院津贴获得者、正师职干部,多次荣立军功。他的作品多次获得五个一工程奖、电视星光奖、金鹰奖、飞天奖等。2001年6月5日,由于积劳成疾,自己又疏于防范,高先生因突发心肌梗死而倒在了写作台上,年仅五十七岁。高峻没有给爱妻和女儿小翎留下片言只语,让李老师抱憾终生。朋友写道:谁料老天不开眼,驾鹤归去伴西风。妻女肝肠欲寸断,朋辈难忍放悲声。

高峻先生的不幸去世,给李老师带来了无限的伤痛和哀思,也在她美丽的人生中划了一道无情的伤痕。仿佛命运始终捉弄着这对难解难分的亮丽情侣……在抚摸伤痛的日子里,李老师感叹道:"我依旧、情依旧,人虽故去,情未了,慢慢长天留我情,只待天宇共婵娟!"

这次吴江的旧地重游,无意中激起了她心底里的那段情,以及对小镇、对小旅馆的格外眷恋。在见到那张小旅馆旧照后,李老师真是喜出望外,那少女般的笑容又回到了脸上。

吴江城外流虹桥,是吴江部队农场通往松陵镇的必经之桥。"钟情怕到相思路……动愁吟,碧落黄泉,两处谁寻?"古代因一则缠绵悱恻、凄美哀婉的爱情故事,经"清词三大家"之一的朱彝尊《高阳台》词的放大,几百年来流传至今,令人扼腕回味。而今,同样在西方门城外,李老师现代版的爱情故事,演绎在城外部队农场与小镇之间,升华在平凡的小旅馆中,给了我们一段真实的故事。是这座小小旅馆见证了日后中国艺术舞台上的两颗新星,这也许是余秋雨没有写到的吧。

李谷娜老师在松陵旧地重游

难以忘怀的小镇美人

在2012年12月的这次松陵旧地重游中,毕业于上海戏剧学院的画家孙惠明一直在追问我:"镇上那家照相馆里的老板娘,还在吗?""她特别漂亮哇!"其他老同学们也在敲边鼓地问我这事,似乎很感兴趣。看着他们像老顽童般的笑脸,以及对美好事物始终记忆犹新的神态,我心里感动着。长长四十载,他们始终没有磨灭对美的向往,没有忘记青葱岁月里一位小镇美人给他们留下的美好遐想,这也许就是艺术家们对美的一种感悟和憧憬,并且能把这种美在各类作品中处处体现出来,这也许是艺术家与常人的区别所在。

为了求得一个真实,尽量避免记忆中的差错,我向镇上土著朋友求教考证。据说当年照相馆的老板娘年已四十,虽然也是雍容华贵、气质俱佳,但年龄上不匹配,肯定不是这些学生印象里的人物。谈及当年相关人物,最后,照相馆里的一位女学徒,进入了我的印象,莫非是她?论及面容相貌和年龄,我想,这位女学徒应该较为匹配。由于当年孙老师等同学们没有问及美人姓啥名甚,所以我也不敢妄下定论。

为什么镇上一位默默无名的江南女子会引得上海戏剧学院学生们的青睐

作者和这批老艺术家合影于垂虹桥上

呢，我百思不解，孙老师讲出了他们的青春故事。

　　吴江部队农场距松陵镇有十几里路，也是离农场最近的一个县城。学生连队的蔬菜、日用品等生活必需品都要到镇上购买。如区国梁同学担当采购一职，要天天往镇上来回跑。当然，每逢休息天，学生们也会结伴去镇上逛一圈散散心。爱美是年轻人的天性，更何况是有着充分艺术细胞的艺校学生。某一日，学院舞美表演系的几位男女同学到了镇上，在中山街上找到一家照相馆，想拍几张照片作为留念。进入相馆，学生们眼前一亮！哇，一位年轻漂亮姑娘，高高的个儿，姣好的面容妩媚动人，穿着利索干净，扎着的马尾巴头发高高翘起，愈发显得精神饱满。青春亮丽的气息及姑娘的美貌和迷人笑脸把同学们都怔住了：小镇上还有这么漂亮的姑娘！那些平日里自愈长相漂亮、来自大城市的表演系女同学，更是隐隐感到有点自愧不如了。

　　消息传回到农场，大家热切交口议论，尤其是男同学们，更想早日进城，一睹姑娘风采。于是每当有进城机会，同学们便有事无事地都往那家照相馆走，只是限于年轻人的羞涩，不敢上前搭讪探究细节，传闻姑娘就是老板娘。但同学们在私下里，都把这事当作乐趣，也纷纷感慨这江南小镇如何滋养出这么水灵灵的标致美人儿。照相馆的姑娘，当然不知道这些传闻故事，她仍然本分地做着自己的活儿。

随着世间的变化，莫名到农场劳动锻炼的学生又莫名地被返回上海。他们带走了一切，也带走了对照相馆姑娘美好形象的记忆。那种朦胧之美，是学生时代最为宝贵的印记。

事隔四十多年，当年从艺校出来的学生，如今都成了文艺界的佼佼者，他们对美的追求脚步始终没有停顿过，他们依然还在怀念着年轻时对美的一种向往。江南小镇上不经意间邂逅的美人，也许成为他们日后的文艺创作中一股无名的动力和激情。

不久前，我特意寻访到那位"美人"处，虽然不敢确定是她，但丰韵犹存的形象，不难看出她年轻时的确是个美人胚子。聊及当年上海学生常来照相馆一事，她呵呵笑道：做生意么，人来人往很正常的。至于部队农场那儿，我们也是要常去为他们拍照的。她那坦率的笑容，透露着小镇人与世无争、安逸顾家的良好秉性。我无法开口，让她确认自己就是那"美人"，毕竟各人的生活原则是不一样的，但我找到了江南小镇人那种与美的渊源。

我想，孙惠明老师心中的美，是一种大美，是艺术家对美的一种缱绻和朝圣，这并非是一人或一事。心中有美，才能创作出更美的作品，这也是我伴随上海艺术家来吴江寻旧的又一次收获吧。

朱月凤平凡的革命人生

朱月凤老人

儿时，个儿不高的邻居老太朱月凤左眼有疾，言语爽快、做事麻利。她时常呼我"阿三"，声音脆亮，我们都称她为朱好婆。由于朱好婆与我母亲是老同事、老邻居，也是我曾经工作过的单位的前辈，所以对她颇有一点好感和印象。

儿时只知道朱月凤是位根正苗红的老工人，或许因此，在"文革"初期，她就担任了镇上学校的首批"工宣队"队员，在"工人阶级领导一切"的年代里，我和大家一样，对她一直怀有敬畏之心。

随着岁月的淡淡离去，一些尘封往事也渐行渐远，离开了我们的记忆，朱月凤好婆也于20世纪90年代初默默地离开了这个世界，离开时、离开后也没有引起多少人的注意。也许，"平凡"二字，用在朱月凤身上是最为真切的写照。

在一次不经意的闲聊、阅读后，朱月凤的经历再次引起了我的关注。随着现在有些资料的解密，我也走访了一些知情人，小心翼翼地拂去一些历史的尘埃，朱月凤早年那些鲜为人知的往事慢慢地浮现在了我的眼前。让我了解到，作为一名普通百姓，她在吴江解放前夕为中共地下党组织付出了一切。那种不计回报、默默支持革命的行为，让我肃然起敬和由衷敬佩。

出资开店

从1946年开始，吴江多个条线下的中共地下党的活动开始密集起来。当时，中共华中十地委决定开辟淀山湖地区的工作，这个地区包括吴江、吴县、昆山、青浦、松江等，而重点以吴江为立足点。随之，一批苏北干部也来到吴江开展工作。从1947年1月到1949年1月，共有包厚昌、焦康寿、朱帆、朱林芳、吴明、范青、许丽娟等二十九名党员分散到吴江各地，开展地下活动，收集情报，发展党员，搞策反，拉武装，准备迎接全国解放。为掩护十地委常委、军事部长包厚昌来吴江指挥工作，地下党借助松陵三里桥东窑港河道中一个大墩上的石灰窑以及邻居朋友的关系，合资开设了万丰石灰窑，秘密组建起了中共地下党联络点，包厚昌化名为周柏生，对外以石灰窑老板出面。后成立的苏锡常、澄锡虞两工委组织，均受包厚昌领导并统一指挥，其中澄锡虞工委下属的"吴江开辟地区"则专门负责吴江的地下党活动，具体由焦康寿、朱帆负责。1947年1月份，原无锡梅北区区长吴明（化名吴春生）和党员范青来到吴江，以中医职业为掩护，开展地下工作。吴明当时落脚在吴江城内仓桥堍的鸿济堂药店，为配合吴明工作，受澄锡虞工委书记赵建平指示，党员陈元章在年底时也从无锡来到鸿济堂药店。不久，吴明便在盛家库航前街41号渔牧公司里开设了鸿济堂分店。

吴明在开展秘密工作的同时，以交朋友的名义积极争取进步群众，女党员范青则广交女青年朋友。就在那时，吴明结识了店内管账店员张怀本（常

【左】当年吴江三里桥东窑港河道边石灰窑为中共地下党联络点
【右】左侧旧房为盛家厍源昌祥百货店旧址

州人），经过多次接触，认为张怀本老实可靠，有一定的发展潜力。1947年冬天，随着时局的进展，吴江地下党组织迫切需要情报来源和情报交接地点，在包厚昌、吴明的指示下，除三里桥石灰窑外，决定在城外盛家厍再开设一爿店作掩护，以掎角之势作立脚联络点，店名取为"上海分处源昌祥百货商店"。地下党陈凤贤（无锡人，化名陈阿大）的妹夫在上海开源昌祥百货店，以上海分处的名义开店，牌子较硬气，也易蒙混商界。当时地下党组织活动经费有限（朱帆从解放区来吴江时只带了一百枚银圆作活动经费），吴明便动员张怀本一起入股合伙开店，可是，张怀本心有余力不足，他收入微薄，身边仅有几担米的钱，难以凑出股本。这时，张怀本的爱人朱月凤进入了地下党组织的视线。为了及早开出联络点和解决开办资金，陈凤贤动员张怀本赴上海，请朱月凤出资帮助张怀本。

朱月凤，江苏常州武进县三合口后庄村人。早年因生活所迫，十二岁（1927年）便到上海吴淞大中华厂做童工，五年后被厂方解雇；随后到苏州谋生，在苏纶纱厂当工人，做了十多年后又被厂方解雇；1945年她又回到上海，在上海裕新染织厂做纺纱工人，期间，因一次操作失误，纺纱机上的一只梭子飞出来，正打在她的左眼上，以致左眼眼球脱落，落下了眼疾。此时，她已嫁给在吴江鸿济堂药店里当账房的张怀本。

朱月凤从小离家，孑然一身漂泊在外，养成了勤俭过日、省吃俭用的习惯，多年来，手边也有了一些积蓄。张怀本来到上海，说明了投资开店事宜。当然，根据地下工作的纪律，吴明、陈凤贤等人并没有说出开店的真正目的，张怀本、朱月凤夫妇根本不知道此店是地下党的联络站。出于对自己爱人的信任和支持，朱月凤慷慨解囊，当即拿出了黄金四两左右以及一些现钞，合起来约有可买三十担米的钱，交给张怀本带回吴江。经过吴明、张怀本（含朱月凤）的资金拼凑整合，位于盛家库的源昌祥百货店于1947年的隆冬某一天开业了，店里员工有陈凤贤、范青、张怀本、刘胜（朱月凤外甥）四人。"这些店和窑实际上是我们的联络点，张也不了解我们身份"，新中国成立后吴明这样说道。

当"老板娘"

1948年初，住在吴江的包厚昌召开了苏常太、澄锡虞两个工委领导成员会议，决定在苏州建立党的秘密机关。到2月份包厚昌又召开会议，重点布置了党的秘密工作，要求把党的秘密情报工作坚持到底，广泛搜集情报，吴江一度成为苏常太、澄锡虞两个工委的指挥中心。源昌祥百货店的开办，正好适合了这样的形势需要。盛家库本来就是商贸集散之地，水陆交通极为便利，街上酒肆商铺林立，人来人往，源昌祥为地下党的活动提供了诸多掩护，创造了许多有利条件。在这期间，陈元章在源昌祥百货店也工作了一小段时间。工委政治交通员许丽娟（化名钱桂仙）多次往返于该店递送情报，"我曾到这店送过几次信。"许丽娟在回忆文章中说道。

为了进一步开辟吴江地区的地下工作，吴明和范青于1948年2月底离开吴江，相继转移到了梅堰宝元堂药店和周庄天生堂药店，继续以行医为掩护。包厚昌也离开吴江，去了苏中解放区。而这时由于条线上出现了叛徒，面对复杂形势，为安全起见，领导上要求陈凤贤撤离源昌祥联络点，转入平望周家溪那片农村工作。为了保留这个秘密联络点，而且店中也需要人手帮忙，临走前陈凤贤受上级领导指示，动员张怀本让朱月凤放弃上海工作，到吴江来以老板娘的身份开店，这样也不会因店中全是男人缺少女人而引人起疑。就这样，朱月凤在丈夫和陈凤贤的劝说下，于1948年3月份来到吴江，进驻源昌祥百货店，以商店老板娘的面目出现在店铺里，她的到来无意中为店的生存起到了重要作用。原吴江县公安局局长、县政协副主席朱林芳后来在信中证实："朱月凤同志解放前为了便利我们工作，特把她从上海纺织厂调回吴江。"

  源昌祥百货店处于盛家库的中心地段，良好的环境和丰富的商品，赢得了顾客的信任，生意也渐渐兴隆起来。到了1948年6月份，地下党员陈元章也奉命离开了商店，调到三里桥万丰石灰窑活动，以加强配合同里方面的工作。此时店中只剩下了朱月凤、张怀本及外甥刘胜，完全像一只夫妻老婆店，他们三人虽然不知道其中的人员变化、内中详情等，但他们仍然坚持开店营业，张罗着一些熟人（其实是地下党）的往来，维护正常经营面目。一旦有熟人前来要送信递条子，跑腿的事便交给年轻的刘胜。离休干部刘胜在电话中告诉笔者："我最远的要跑到苏州北寺塔那里去送信。"当时吴江临近解放，市场上物价猛涨，源昌祥店铺也是难以为继。面对窘境逼迫，朱月凤就把家里的四匹龙头细布、两只各三钱的金戒指及家里能变卖的东西都卖了，以此来维持店面开张，保证联络点正常运转。

  由于盛家库紧靠太湖，地处城乡接合部，湖盗经常出没。1949年4月28日，也是吴江城解放前一天，源昌祥遭到了太湖强盗的抢劫，店内被抢劫一空。从此，源昌祥的牌子随之消失在人们的视野里，地下党的联络点顺势也完成了它的历史使命。

令人尊敬的普通人

  吴江解放后，鉴于朱月凤的经历和生活状况，副县长朱帆（无锡人，后任江苏省农机厅副厅长）专门写信介绍朱月凤到城厢区松陵镇政府工作，列入了干部清册名单，张怀本则被安排到湖滨粮管所工作，刘胜到同里粮管所工作。1949年6月朱月凤带着介绍信，受到了镇政府指导员姜链、副镇长季之孝的热情接待，并让她担任镇政府办事员，她满怀信心地参加了新中国的建设，有时还要下乡工作。这一年她已经三十五岁了。

一年多后，清查和镇压反革命分子的政治运动在吴江雷厉风行开展起来，重点捕办特务、国民党三青团骨干、恶霸、惯匪、会道门头子等五种骨干分子，关押了一批镇反对象。当时隶属于吴江人民法院的看守所缺少看守员，组织上便调朱月凤去那里担任看守员，而看守所所长就是当年的地下党员陈凤贤。在所里朱月凤和其他同志一样享受供给制待遇，每月领到几角零用钱，吃饭穿衣全是上级配发。当年吴江县人民政府司法科的崔子英证实道："当时供给制，记得领发衣服时朱月凤同志也同样领到。"后来看守所撤并，朱月凤回到法院工作，她经常要跟随毕自安副院长下乡，做一些杂务性的工作。她自小做童工，没有文化知识，特别是文案工作上的事不能向领导交流汇报，给她在思想上带来了很大的苦闷，朱月凤几次向院领导提出调动工作，但没成功。

1952年，为了提高朱月凤的文化水平，法院抽调她去常熟干部文化学校脱产学习。经过近两年的培训学习，朱月凤于1954年回到了吴江。但是，原先的院长、副院长均因工作变动不在法院了，回不进单位的她，像一个无家可归的孩子。朱月凤便直接到县委组织部报到，一位同志对她说："暂时等等，研究研究再说，总归要安排的。"这一等就是几个月，其间她两度前去咨询，但一直没有信息答复。无奈之下，耿直的朱月凤写信至新华日报社求助，最后在1955年1月31日，她被安排进吴江印刷厂，在装订车间当了一名普通工人。

朱月凤到吴江印刷厂报到时的介绍信

进厂后的她已有四十多岁,以前并没接触过该行业,所以她只能在车间里做一些辅助性工作。豪爽的性格、乐于助人的秉性,使她很快融入了同事的圈子里,赢得了工人们的好感,大家或多或少知晓了她的传奇经历和对革命的贡献,对她更有了一份崇敬和关爱,厂领导在各方面对她也是照顾有加,以至选拔"工宣队"时,她首先被入选了。

坎坷的经历,使原本就体质单薄的张怀本染上疾病,不幸在1961年过早离世,撇下了孤单的朱月凤一人。他们俩从未生育,后来朱月凤领养了二姐的孙女儿做自己的孙女,风风雨雨的生活中总算有了一个温暖和依靠。她一直把孙女带大成人。

时光到了1975年12月份,已有六十岁的朱月凤老人终于退休了。当然,对于这个年龄退休的疑惑,事后多位同事说道,这是在她本人提出、领导允许的情况下,才延迟了退休年龄。也许这其中含有诸多照顾、仁爱、敬重的含义在内。

20世纪80年代,国家对早期参加革命工作的人员出台了一些具体政策,朱月凤也曾努力争取离休待遇。当年的地下党员吴明、范青、朱林芳、陈凤贤等纷纷出具证明,证实了她为开设掩护革命联络点而抛弃上海职业并资助钱财的这段旁人难以做到的经历。石尚德、崔子英也证实她在进入机关后享受供给制待遇。吴江县委党史办公室在调查访问后认为,朱月凤同志"掩护地下党活动,为我党的革命事业作了些有益的工作,请给予改办离休为好"。可是这件事最终没有办妥,朱月凤与"离休"待遇擦肩而过。只是在1984年间,吴江印刷厂根据"新中国成立前参加革命工作享受老工人退休待遇"的精神,把她原来打折的退休工资改为"享受老工人退休待遇,退休费按100%发给"。

1992年1月2日,朱月凤在七十八岁时走完了她的一生,她那朴实无华的工人本色、资助革命的善举,赢得了党内外知情者的高度评价。

我想,我们在追记少数流芳百世的人物的同时,还应该永远记住许多像朱月凤这样为革命倾情做出过贡献并未曾留下踪迹的人。这是对人的敬重,更是对革命的敬重。

名字曾被镌刻到烈士墓碑上的老兵邵元山

抗战老兵、解放战争老兵、解放吴江老兵、志愿军老兵、吴江部队农场老兵,这一连串的光环荣耀时时在我眼前晃动,不由使我肃然起敬。更让我敬佩三分的是,这位老兵自十六岁离家出来参加抗战始,戎马一生,驰骋沙场,直到病逝,老兵回山东老家的次数却仅仅只有两次。望着"纪念中国人民抗日战争胜利六十周年"等满满的诸多勋章、证书,我被震撼了。但是,给我最深印象的是他仅有两次回家的经历,这也许就是老兵最感动人的地方。这位老兵就是吴江邵元山老团长。

在抗战胜利七十周年到来之际,缅怀革命先烈,记录革命事迹,弘扬革命精神,作

革命老兵邵元山

这样的记载，的确很有必要，也很有意义。

邵元山，1925年8月出生于山东牟平莒格庄镇院下村，是家里的独子。胶东地区是革命老区，他自小受父亲影响，十四岁就参加地方上的一些进步组织活动。1941年2月，十六岁的他和村上多位村民一起参加了八路军，走上了为着民族独立和人民解放的革命道路。他先后在胶东五旅队新兵团、胶东军区司令部、胶东五师特务营、胶东九纵队七十四团等部队中担任战士、特务员、侦察兵、排长、队长。在战火纷飞和白色恐怖的岁月里，邵元山英勇无畏，抗击日本侵略者，将个人生死置之度外，在一次反扫荡的残酷战斗中，鬼子的子弹从左前臂打入，到后肩头穿出，留下了两寸多长的伤疤。参加革命的第二年，他就加入了中国共产党，成了一名真正的革命军人。对打鬼子一事他曾说过：在当兵打仗中，抗战的第一期、第二期是打得最最艰苦了，因为日本鬼子都是精兵，能打仗。而后期鬼子都是些老弱兵、新兵，就好打多了。在胶东军区时期，由于邵元山脑子灵活、力气又大，打仗经验足，所以他曾给许世友司令员、吴克华副司令员当过警卫员。

在以后的战争年代里，他随部队转战南北，参加了无数次的血腥战斗，包括1947年5月的孟良崮战役，他所在的九纵兵团是从东北方向进攻孟良崮的，与兄弟纵队一起全歼敌整编第七十四师。以后的南征北战、淮海战役、胶东保卫战、渡江战役等，邵元山都是冲在前面，英勇善战，后脑勺上的多处弹片小洞、眉毛间的伤疤，见证了他为中国革命解放事业做出了卓著功勋，他荣获了多枚立功勋章。1949年4月30日解放吴江时，他所在的第三野战军九兵团27军部队经湖州到达震泽，后与十兵团的二十八军、二十九军在吴江休整，补充兵员。到7月初，从吴江出发，南下向福建进军。新中国成立后，邵元山又入朝鲜，在志愿军9兵团后勤部担架团参战，在下甘岭上打了不少硬仗，此时他已是营级干部了。

回国后部队改为工程兵部队，随即奔赴全国各地，打山洞、挖坑道、筑公路、建水库等，转战在福州、厦门、舟山、岱山等地。1958年邵元山奉命在南京军事学院学习军事，三年结束后，他被授予少校军衔，并回到了舟山。1963年他在浙江寿昌的南京军区后勤部十三分部六五三九部队时，已是副团长，代理团长职务。1969年11月，他所在的陆军团调防到吴江部队农场，他任团长。从此邵元山在吴江深深地扎下了根，以军人的情怀把自己融入了江南水乡这片热土中来，与妻子女儿们在吴江安了家。岁月悠悠，他一生与部队为伍，在战争时期与和平时期都贡献着自己的光和热。他的事迹被收录进了《开国将士风云录》《中华英贤》《牟平游子》等国家和地方性书籍。

回眸战事频频，战后奔波连连。邵元山的心里一直有所牵挂：自十六岁离家抗战以来，家中究竟怎样了？老父亲还安好吗？这种难以割舍的亲情牵挂，常常使得邵元山夜不能寐。由于行政区域的变化，写信找人始终未有结果，这让邵元山心病愈发沉重。

因战争病伤的原因，邵元山将提前离职休养。离开部队前，他向上级首长提出了最后一个请求：让我回家再找找老父亲吧。1970年的暑期，不带警卫员的邵元山，只带领妻子和三个幼小的女儿，三十年来第一次踏上了寻亲之路。

莒格庄村地处牟平、文登、乳山三市区交界处，地理位置非常独特。胶东革命老区，20世纪40年代就成立抗日民主政府，所划区域也时有更改变化。因而对十六岁出来参加革命的邵元山来讲，当年所属文登县的莒格庄院下村，单凭信件是难以找到的，尤其是院下村紧挨文登边缘。经过无数次书信往来，在部队和当地组织部门的大力协助下，在昆嵛山脉的大范围之下，终于获得线索，他老家莒格庄院下村现属牟平管辖，老父亲还健在，只是他的名字改了。

在开往莒格庄的路上，一身军装的邵元山引得公共车内乘客的好奇："谁家的呀？"邵答："邵家的。"急切回家看望老父亲的心情已由不得他考虑其他事了。在张皮村车站，年迈的父亲接到信后早已步行几公里路，在车站早早等候儿子的归来。当父子相认时，竟谁也认不出谁，百感交集的邵元山此时内心里是翻江倒海，哽咽着竟没说出话来。邵元山妻子事后回忆道"只觉得元山很可怜，我心里酸酸的"。幼小的三个女儿更不知道这三十年的离别之情。邵元山的母亲在生下邵元山的八个月零二天后就去世了，父亲硬是不续弦，和爷爷一起把邵元山拉扯大，所以邵元山是吃百家奶长大的。

三十年来，由于信息的隔阂，村里、家里都以为邵元山战死了，家中也被评为"烈属"，在全村众多的烈士墓碑上，邵的名字也刻在其中。邵元山这次荣归故里，轰动了全村。全村人都来看他，都在说"很像，很像，就是邵家的儿子"。当年村上出来当兵的有很多人，牺牲、失踪、受伤的都有，如隔壁张皮村，就有十九名烈士，但军衔职务最高的，就是邵元山了。所以老父亲想宰杀猪羊大办喜事一场，但受过党教育的邵元山给制止了，他不想惊动更多的人，只是把县里给的慰问品及自带的货物分发给了乡亲们。

携妻带儿回到老家，征战南北的邵元山终于圆了他的亲情梦，家里的"烈属"称号也改为"军属"，邵元山的心得到了极大的满足和欣慰。临到他们离别家乡时，家家都来送东西，邵元山大女儿对我说："乡亲们送来了很多花生、鸡蛋、地瓜干、苹果等物品呀，那情景就像电影《南征北战》里一样的，那种淳厚的乡情让人难忘呀。"

邵元山于1971年按副师职待遇正式离职休养。1982年改为离休。

1990年，邵元山再次携妻带三个女儿回到山东家乡，老父亲已病故，他去上坟添土祭祖，告慰先祖庇荫。"山子，你又回来啦！"亲娘（乳娘）的呼唤，直让邵元山倍感家的温暖。七天中，他还看望了左邻右舍长辈们，捎去

【左】邵元山的诸多立功勋章
【右】邵元山的夫人倪新珠女士

了一片敬重之心、感恩之情，他要感谢这片养育他的土地，感谢老区人民。

近千公里的路途奔波，对一个老人来说，是一次考验。当邵元山再想回老家看看走走时，病伤的折磨已由不得他了。2011年，女儿们闻知山东济南建了"山东老战士纪念广场"后，想和八十七岁的父亲再回趟老家，只惜邵元山那双在战争中落下病根的脚适逢病发，难以走动，邵老只得放弃此行。

2013年6月1日，为中国革命解放事业奋斗一生的邵元山在无锡解放军101医院，走完了他那光辉的一生，享年八十九岁。后经组织批准入葬无锡市烈士陵园。

为了了却邵老生前想回山东的心愿，邵夫人携三个女儿于2014年3月21日再次回到山东。在山东老战士纪念广场上，主体建筑是一道全长七十多米的纪念墙，墙中间是一组山东籍兵南征北战、英勇杀敌的大型雕塑，两边以"军"为单位镌刻着山东籍老战士的姓名。她们在"中国人民解放军第二十七军"的碑下找到了邵元山的名字，望着镌刻的名字，她们默默地告慰着长眠逝者。大女儿说："我们回家了，在那里我仿佛看到了父亲和战友们在英雄部队的序列里，接受党和人民的检阅，我为有这样的父亲感到骄傲。"

一生革命为大家，二度回乡看小家。邵元山这位老战士的两次回乡经历，让我想到了"革命与乡愁"，想到了"大爱与小我"，想到了艾青的名句："为什么我的眼里常含泪水？因为我对这土地爱得深沉……"

第五章

松陵艺人

丰富的人文历史一直滋润着松陵,多种门类的艺术给松陵增添了几多乐趣。古老的宣卷堂名、甜糯温雅的锡剧、昔日舞台名角,为松陵留下了绕梁之音。朴实的农民画、手巧的微景观、罕见的烙铁画,体现了松陵艺术的多样性。

严仁荣：扮龙像龙装神像神

在吴江戏曲界，在吴江老戏迷中，说起严仁荣，几乎无人不晓，几人不知。近八十年的从艺生涯，唱、念、做、打四种艺术手段，样样俱佳，从严仁荣的身上无不透露出一个老戏骨的铮铮形象。他被苏州文联老领导钱刚誉为"扮龙像龙，装神像神"。

严仁荣，吴县车坊人。他七八岁时就跟随严家长辈严云龙（小名严阿毛）练习堂名，在严云龙的仙鹤堂里，严仁荣初显了他那好奇活泼、喜爱曲艺的天赋才能，从小得到了严云龙的启蒙点拨。到了十二岁（1935年）时由严云龙介绍，开始在同里正式拜师学艺，跟从师傅宋宝兰先生。那年代，江南流行的堂名、宣卷演出几乎占领水乡地带，而宋宝兰的堂名"双鹤堂"和岳父宋老虎的"双凤堂"在同里镇上也算小有名声。严仁荣所学的堂名其实是一种京腔戏，称为坐唱京戏，兼学昆腔、湖滩、簧滩、慢板、流板、倒板等。演出时，演员不用化装，随时可以调换串扮角色，生旦净丑角色都要扮演，演唱中没有表情与表演动作，手拉乐器，自奏自唱，所以也叫清唱班。

师傅宋宝兰为杭州市人，在堂名界也是响当当的人物，擅长吹，特别适合婚嫁喜庆活动。后在同里入赘宋老虎家，就改姓为宋。后宋老虎见女婿的堂名班子办得红红火火，耐不住好奇，也置起了自己的一副堂名班子，取名为"双凤堂"。

在学徒中，严仁荣除了照看师傅的起居外，打跟随师傅走南闯北，也学下了扎实的演技基本功。江南人家的婚嫁喜庆、做寿、进屋、剃头、病愈、待物、还愿等乡俗，都会叫上一副堂名或宣卷班子，唱上几天，热闹一番，以图吉利。所唱折子也是应对不同场合，有《四郎探母》《渭水河》《百寿图》《辕门斩子》等。另外严仁荣学到手的民族乐器也是五花八门，应有尽有，有京胡、二胡、梭胡、弦子、笛子、唢呐、锣鼓、大锣、小锣、钹、鼓、鼓板等，其手上功夫可谓是样样拿得起，放得下。这时的严仁荣已具备了水乡一带的"正角儿""活手"称誉，他的名字远至浙江海宁那里也有人知晓。

跟师傅学了五年，又帮了一年，至十八岁开始，严仁荣离开师傅开始独立，与友人周雨泉自组了一副堂名班子，取堂号为"义鹤堂"，班内另招了六人，堂内采用共和班制结算，即分账制。主要在苏州、同里、青浦、昆山、甪直、西塘、陶庄、下甸庙等地演出。一般都以当地的茶店茶馆老板做牵线桥梁，做"牌下"，相当于现在的经纪人。在演唱前都有"牌下"写信联系，定好日子后由茶馆老板出船或雇船前来接堂名班子。也许是严仁荣的演艺了得及名声在外，他的"义鹤堂"班子几乎没有停歇过，一直有人在不停地邀请他们。当然，作为班中的领衔人物，每到一家一处，其招待规格也是与普通演职员不同的。期间，严仁荣的"义鹤堂"与另一副班子"松鹤堂"也合作频繁，经常共同轮流演出。

严仁荣的"义鹤堂"堂名班子在1994年版《吴江县志》、新版《同里镇志》中，都有记录。在《吴江非物质文化遗产·同里宣卷》的"传承谱系及代表性人物"中，严仁荣被列入其中。

1945年，二十二岁的严仁荣不安于游荡乡镇中的堂名生涯，进入一家更俗什景歌剧团，担当主唱及主乐手，由于样样精通，善弹唱善敲打，颇受剧团欢迎，剧团也为此人气上升，票房高涨。诚然，歌剧团的生存与堂名一样，也是游走于江湖之上的一个群团班子，只是所学所唱所演的档次略比堂名来得高些。起先专在上海枫泾、金山、金泽一带乡镇演戏，后来歌剧团落脚在周庄。其间，严仁荣的妹夫王根金跟随他进入了歌剧团，走上了演艺生涯（王根金后担任贵州豫剧团副团长）。约一年后，严仁荣与妹夫一起离开了歌剧团，去寻找更广阔的舞台。

之后，他俩凭着演艺和名声，无拘无束，游走于江南水乡一带。从苏南小镇闯荡到杭嘉湖沪地段，新塍、永义、新乐、松江、枫泾等地都去转过，后又转道同里。几经转回，朋友多了，落脚的地方也多了，只要有朋友招呼，前去摆开场子唱演几场，都是手到擒来的小菜活儿。一次，前往一个周姓朋友家小聚，适逢枪声大作，他们不敢冒进，被周庄的朋友邀去暂且住下，那朋友好酒好菜相待，使严仁荣在周庄落脚重开堂名。严仁荣以娴熟的演技镇住了周庄观众，他在这里生活了一段舒适的日子。

1946年严仁荣进入了皇后大舞台（京剧团），从事京剧演出，担任乐队鼓手。主要在杭嘉湖一带的永义、新乐流动演出，老生、小生、小丑样样都演，但是最擅长的还是演老生。常年行走江湖，年轻好胜的严仁荣也会"偶露峥嵘"。一次在浙江石门唱戏，与另一个团的青年口角不合，便动手打了一架，站过桩、练过功的严仁荣当然获胜，令旁人不得不服气。在皇后大舞台的这段生活经历，为严仁荣日后的舞台生涯、戏路开拓以及各类乐器使用，打下了坚实的基础。

醉心于堂名的严仁荣，不甘于寄人篱下，他在1949年初，又返回到了堂名上来。同时他又学会了同里宣卷的说唱，他在"遐龄社"学的是丝弦宣卷。宣卷近似于堂名，相当于说唱、评弹形式，只是规模比堂名来得小。丝弦宣卷一般由六人组成班子，操二胡三弦、笛子、木鱼、铜磬等乐器，以传统昆曲唱腔、民间小曲《四季调》掺和申曲、锡剧等地方戏调，演奏悠扬动听，抑扬顿挫。所演剧目常有《梁山伯与祝英台》《秦香莲》《顾鼎臣》《白罗山》等。此阶段中，严仁荣与同里许维均、许素珍兄妹俩合作较多，时常同台演出。据资料记载，新中国成立前吴江有十七八个堂名班子，有二十多个宣卷班子。同一时期，严仁荣还参与了张筱芳锡剧团、顾加生锡剧团的锡剧演出，常常往来于苏州、吴江、昆山等地。

可以说，旧社会迫于生计的艺人，多一份演技，就多一份生存的机会。堂名、宣卷、京剧、锡剧、什景戏等，虽然唱腔不同、做功表演也不同，但严仁荣学一行专一行，认真好学，而且学而有成，这也是严仁荣多才多艺的演技派实力的重要由来。

新中国成立初期，戏班子常常是时合时分，缺少相对固定的演艺班子和演艺场所，艺人的流动性相当大，且大多是以家庭或亲友为班子的。严仁荣等几个人熟悉江南，所以他们经常在苏州一带演出，从而结识了王呆初、姚梅凤等艺人班子（联谊苏锡剧团，老板钱凤祥），当时流行的是"共和班"制，他们便按定份拆账形式进行结算，演出地点大多在苏州阊门外的小荒场、金明、易兴戏院等地，主要演传统剧目《孟丽君》《顾鼎臣》《王华买父》等。见了严仁荣的表演才能，王呆初便说"此人要搭牢伊咯"。

1949年4月苏州解放，他们在庆祝新中国成立的游园会上，还演出了《贫富恨》《祝枝山看灯》等戏。他们的戏班子（以演《刘胡兰》为主要班底）于1951年7月27日改建成了友好联谊锡剧团，当时严仁荣还参加了由苏州市文联举办的苏州市编导联谊会学习。随着党对文艺团体的进一步接管，剧团已归属苏州文联领导。在1952年的上半年，苏州文联帮助他们班子建起了团委会，正式命名为苏州市友好联谊锡剧团，由民主方式推举姚梅凤为团长、王呆初为副团长。严仁荣为团委委员，主抓业务。为配合新形势，宣传

【左】江苏省会演获奖合影，后排右二为严仁荣
【右】1965年《大年夜》剧照，严仁荣饰男主角刘阿堂（右）

新婚姻法，演出剧目《罗汉钱》（后上海沪剧团前来"移植"，成为名剧目之一），获得团体二等奖。后来剧团接受了苏南行政公署交于的任务，于当年7月23日到吴县、昆山、太仓、吴江等地做巡回宣传演出，为期三个月。与此同时，苏州锡剧界一方面开展集训，提高认识，服从组织安排，另一方面开展参加江苏省、苏州市（地区）的比赛、调演活动。当年年底巡演结束后，剧团被分派到吴江县，由吴江县政府直接领导，随之，改名为吴江县友好锡剧团，并接受政府对民间职业剧团的登记。当年从苏州一起来到吴江的演职员有王呆初、姚梅凤、严仁荣夫妇、马明忠夫妇、姚家兰、陆新、鲍毅、朱琦、仲青、蒋坚夫妇、邵庄、严凤仙、张红方、钱小红、陈群、高勇、龚伟、吴素珍、徐珍、顾寿章等三十多人。

剧团落户吴江后，剧团为加强领导，在1958年增添鲍毅为副团长，并经上级部门批准，原吴江友好锡剧团改名为吴江县锡剧团，而原来的吴江友好锡剧团的名称一直延续使用到1961年。1961年剧团又进行改选，姚梅凤为团长，严仁荣、蒋坚为副团长。到20世纪80年代初，为培养接班人，增添了王小坤为副团长。此阶段中，严仁荣一直以业务为抓手，并担任了剧团的艺术指导委员会主任，主抓剧团的业务工作，除出演一些角色外，还指导着新进剧团的青年演员练习演艺，提高表演能力。以至多年以后，一些离开剧团的人员还叨念着严仁荣的悉心指导和深切教诲。

由于严仁荣早年有着自编自演的能力，所以他对剧本撰写有着与生俱来的特别优势。当然这也与他50年代早中期参加苏州地区编导联谊会，江苏省戏剧训练班等专业性、系统性的培训有关，扎实的舞台表演功底，再加上规范化的理论学习，使得严仁荣在舞台艺术上有了更宽广的表现空间。1962年，由单志良创作的小戏《年夜饭》剧本，经严仁荣改编后参加了苏州地区现代戏会演，获得成功。后在苏州专区文化局副局长王途光的帮助之下，对该剧重新进行修改并成立了创作组，县锡剧团许龙生一起参与了修改加工工作，并确定剧本为现代小戏《大年夜》（剧本标明：集体创作，单志良、许龙生、严仁荣执笔）。此剧先参加苏州地区会演，后被选中参加江苏省戏曲现代戏会演并获得了创作奖（苏州送出两只小戏参演，另一只为昆山的《农

《大年夜》剧本

家宝》)。1965年春,该剧经过江苏省文艺会演的选拔,赴上海参加华东地区戏曲会演。江苏人民出版社刊登了全剧,上海文化出版社将该剧作为华东地区优秀剧目发行单行本。江苏省电台、上海人民广播电台均作了录音,1965年年底,中央人民广播电台录制了《大年夜》的演出实况,在《对台广播节目》中播出,还为来访的越南胡志明主席作接待演出。该剧在当年在《人民日报》《人民画报》《新华日报》《新民晚报》等媒体上均作了报道。1990年剧本入选《江苏戏曲丛书》。

在《大年夜》剧中,严仁荣除了编剧外,还担当了男主角刘阿堂角色,通过到平望公社兽医站的采访,很好地把握了角色的处理,从而在舞台表演中把剧中人物演绎得入木三分,活灵活现,深受农村观众的喜爱。成功改编《大年夜》一剧,也是严仁荣一直以来引以为自豪的一件事情。从演员到编剧,从旧艺人到新艺人,严仁荣完成了这方面的角色转换,他全身心地投入吴江的演艺生涯。这期间还与马明忠合作编写了《跃进为谁》《群力斗狼》《蒸气育秧》等剧目,执笔整理现代戏《填池塘》,该剧本经苏州市文联编后,由江苏人民出版社出版(1958年),参与了《三请樊梨花》剧本的整理。剧本上的过硬功夫，造就了严仁荣在舞台上的更大空间。

随着形势的变化，锡剧团的演出剧目也是在跟着变化。从新中国成立初的演传统戏到后来演现代戏，再到后来的恢复传统戏演出，这中间走过了一段艰难的变化探索道路。在这些剧目中，严仁荣始终活跃在舞台上，娴熟地扮演着各种角色，他主工老生，其他的生、丑、净角色也按剧团和剧情需要参与演出。并且"他精通锡剧音乐，所演角色能自创唱腔，他能上乐队司鼓，兼具编导才能"（《鲈乡锡韵》，上海文艺出版社）。

在20世纪50至70年代，严仁荣参与主演了不少传统戏。他在《杀子报》饰和尚，《顾鼎臣》饰顾鼎臣、王百晓，《三请樊梨花》饰程咬金，《十五贯》饰况钟，《杨立贝》饰杨立贝，《秦香莲》饰包拯，《庵堂相会》饰金学文，《宝莲灯》饰二郎神，《野猪林》饰鲁智深，《狄青风雪夺征衣》饰杨宗保，《嫦娥奔月》饰逢蒙，《打面缸》饰县官，《挑女婿》饰张天顺，《摘石榴》饰赵自茂，《恩仇记》饰邓炳如，《状元打更》饰沈文素，《陆卖饼》饰曹森和，《范进中举》饰范进，《双玉婵》饰老爷，《琵琶记》饰牛丞相，《洞房血案》饰张老爷，《蝴蝶杯》饰卢林，《孟姜女》饰关官，《卖妹成亲》饰杨桂林，《翠娘盗令》饰舒德浦，《貂蝉与吕布》饰董卓，《临江驿》饰张天觉，《珍珠塔》饰陈御史，《大破老爷庙》饰地主。现代

【左】在《三请樊梨花》中，严仁荣饰程咬金（左）
【右】在《孟姜女》中，严仁荣饰关官（右）

戏的演出里，他在《智取威虎山》饰座山雕，《红灯记》饰李玉和，《光荣的减产主任》饰牛皮金，《江姐》饰沈养斋，《大年夜》饰刘阿堂，《老笛新歌》饰男主角，《归来》饰王彪，《金红梅》饰地主世腐，《罗汉钱》饰张木匠，《白毛女》饰黄世仁，《葡萄熟了的时候》饰丁老贵，《向阳商店》饰王记祥，《半篮花生》饰晓华爹，《开河之前》饰爷爷，《赵小兰》饰周永刚，《刘胡兰》饰匪连长，《妇女代表》饰王江，《社长的女儿》饰社长，《借牛》饰刘大伯，《农家宝》饰直赵日生，《走上新路》饰富农周洪发，《雕花水车轴》饰老木匠，《追报表》饰老队长，《填池塘》饰村主任，《跃进为谁》饰男主角，《比干劲》饰男主角，《中秋之夜》饰特务，《打倒洋权威》饰科研所所长，《送喜报》饰男主角，《特邀代表》饰男主角，《春蚕》饰男主角……

在众多角色中，严仁荣以演老生最为擅长，他扮相魁伟，嗓音洪亮，唱腔圆润，声情并茂，举手投足，掷地有声。他一登台，霸气十足而令人震惊。在现代戏《红灯记》中他饰演李玉和，他的神韵表现得淋漓尽致，无论是唱腔还是台风，一点都不含糊，李玉和的"高大全"形象给吴江观众留下了深刻的印象。当他出演小生时，其扮相俊秀，唱腔优美，唱念做打，无一不显示他那几十年的功力，小生的儒雅、稳重、刚健、英武在他身上体现得惟妙惟肖。在扮演丑角时，他深深把握"无丑不成戏"这一定律，把丑的反角（包括正角）演得出神入化，如在《孟姜女》中，他把刁钻势利、贪婪、卑鄙的关官这一角色表演得酣畅淋漓，令人难忘。

严仁荣始终以严谨的态度要求自己，把最好的舞台形象留给观众，就是演反派角色也力求表演逼真。1962年月2月3日的《新华日报》载文《吴江锡剧团农村扎根记》中这样写道："副团长严仁荣演地主时，观众都夸奖说：活灵活现的哩。"当时苏州地区文化局戏曲研究室的江洛一先生在《戏剧报》（1960年第8期）上撰文《坚持下乡演出的吴江友好锡剧团》，其中写道："由于他们长期生活在农民之中，生活在火热的斗争之中，思想认识得到了提高，又熟悉了农民和其他阶级的人物，所以严仁荣在《大破老爷庙》中扮演的地主，在《走上新路》中扮演的富农周洪发等角色，都能演得比较成功。"同样，记得有一次演《红灯记》时，严仁荣扮演李玉和，当李玉和被押下要行刑时，吓得躲在后台看戏的严仁荣的两位孙女号啕大哭，以为是爷爷真的要被杀了。严仁荣在演《杨立贝》时，把农民杨立贝受尽苦难、含冤难以申诉的无奈和痛苦，表演得入木三分。《戏剧报》（1964年第3期）刊发吴江县锡剧团的文章《做彻底革命的文艺战士》，提到该剧时说："有个生产队长看了《杨立贝》，一路哭着回家，发动社员三天内完成了征购任务，并将粮食重晒一次，用风车吹去混在里面的瘪谷，说：我们再不能忘本了。"可见严仁荣的演艺感染力是何等深入人心。这些专家、学者、观众的评价反响，也许是对一个演员的最好反馈。

剧团落户到吴江后，严仁荣和大家一样，跑遍了全县每一个地方，在广大农村中扎下了根，始终坚持在农村演出，用文艺为农民服务，被誉为"水乡一枝梅"。为此，剧团在1960年被评为全国八个"红旗剧团"之一，受到文化部的嘉奖，团长姚梅凤出席了全国文教群英会，剧团的事迹也被收进新闻纪录片《万紫千红》，在这些荣誉光耀的背后，是严仁荣等全体剧团职员共同付出的心血。

严仁荣在一系列的演出中，除得到观众赞赏外，更是受到了上级部门的肯定和表彰，他1956年11月参加苏州市、苏州专区戏曲会演，获优秀演员奖；1957年12月参加江苏省首届戏曲会演，获表演三等奖；1958年1月参加省戏剧训练班，获三好学员奖。省内著名锡剧表演艺术家王兰英、王彬彬、姚澄、沈佩华等都对严仁荣的表演艺术有很高的评价，苏州市原文化局的多位老领导对他的表演也是赞赏有加，诚如苏州文联老领导钱刚称严仁荣的表演是"扮龙像龙，装神像神"。长期的舞台磨炼，把严仁荣的表演才华释放得绚丽多彩，他自己也常常陶醉于一生的痴痴追求之中。以至退休多年后，只要有人与他聊起锡剧、聊起宣卷堂名，他那精气神、他那手势动作会立马展现出来。同样，在乡镇上，老一辈的戏迷，说起吴江锡剧团，都知道有位姓严的演员。他在锡剧团所带的徒弟中，有的成为国家二级导演，有的成为本团的新生代导演，这些对严仁荣而言，足矣！1981年1月，严仁荣加入了中国戏剧家协会江苏分会，是吴江锡剧团内为数不多的省级会员之一。1994年他入选中国戏剧出版社出版的《江苏当代戏剧家》一书。

1984年4月严仁荣退休了，退休后他不甘清闲，积极参与吴江政协活动，奉献着自己的热情。他早在1966年5月就成为吴江县政协委员，历任吴江县（市）第五、六、七、八届政协会员，1981年3月进入吴江县政协常委之列。作为一名老艺术家，他积极参政议政，建言献策，关心吴江文艺发展。吴江文联成立后，他长期担任吴江文联艺术指导委员会会员，为吴江文艺戏曲振兴做出了贡献。刚退休后就在石里中学（现松陵一中）开设戏曲课，教授学生如何赏戏、学戏、演戏。他还热心文化艺术退休协会工作，坚持日常活动，发挥余热。在居住地的松陵鲈乡三村，还上台参与社区文艺演出，把艺术的夕阳照映在百姓中间。

回顾严仁荣的八十年的艺术生涯，真是演尽人间沧桑事，唱尽世间悲欢情。严老的一生，始终与曲艺结伴，以戏曲为荣，他为江南水乡、为吴江戏迷朋友们留下了许许多多难忘的舞台形象。2014年5月9日16点50分，严仁荣安详告别了他钟爱一生的曲艺事业，谢幕在他第九十一个演艺码头。一位老艺人的离去，拨动了许多人的心弦，其中一副出自剧团老领导的挽联也许准确地表达了我们对严老的追思之情和最恰如其分的评价：

梨苑红角，唱做念打留绝活。

戏台名伶，生净末丑遗佳艺。

姚家兰：一朵芬香的幽兰

2007年的一个春雨潇潇的日子里，我来到市区梅石路1277幢101室，看望一位九十二岁的锡剧老艺人姚家兰。老人与女儿住在一起，她虽然身体不太好正卧床休息，但精神面貌不错，面目清秀，双颊泛红，熟悉她的人都说她年轻时很俊美秀丽。如今年过九旬，却依然能可看出她旧时的几分风韵。

20世纪50至70年代，在吴江这个小县城里，锡剧是很流行的。那时的吴

姚家兰

江人每天茶余饭后聊聊名角、议议戏文成了生活中的一个重要内容。吴江锡剧团的姚梅凤、严仁荣、王小坤、朱琦、高玉英、柳影等也是人们心目中熟悉的明星，能弄到一张好一点的戏票，要高兴几天了。而姚家兰当时也在吴江县锡剧团，不过那时她已退到幕后，当艺术指导，所以吴江人知道她的并不多。

闲聊中姚家兰告诉我，她生于无锡，祖籍安徽歙县，出生在一个徽商大家庭中，其父在无锡、江阴开了两家典当铺。因无锡是锡剧的发源地，初名叫滩簧（新中国成立前叫常锡文戏，新中国成立后称常锡剧，1953年定名为锡剧）。这盛于江南一带的小唱戏给儿时的姚家兰带来了极大的兴趣，当时她家一邻居是唱戏的，幼小的家兰常常受到耳闻目染的熏陶，天长日久后也想学戏，却遭到了全家的一致反对，但父母最终还是拗不过女儿，答应了她的要求。姚家兰十五岁开始拜师学戏，其师傅就是大名鼎鼎的李庭秀。李庭秀（1886—1937）是现代滩簧名演员，李庭秀和袁老二是第一代艺人。锡剧的第一张唱片，由上海胜利公司灌制，就是李、袁二人演唱的（唱片两面分别是《珍珠塔·赠塔》和《林子文·探监》）。李庭秀除了长相俊俏、善扮花旦外，还打破世俗，第一个收了女学生，为锡剧开辟了先例，后陆续收了二十余人，爱徒花旦姚家兰便是其中的佼佼者。1931年李庭秀一改以往临时组班的情况，正式成立命名为"李家班"。从此，"李家班"的足迹遍及无锡、苏州、吴江、昆山、太仓、江阴、常州、宜兴等地区，农闲时在乡间街镇上演出，农忙时进城市演出。在苏南城乡，"李家班"名噪一时，其三十余人的戏班子在当时的演出团队中算是出类拔萃的。当时各个锡剧戏班中，几乎都有"李家班"的"种子"。姚家兰在艰苦的摸爬滚打中演艺水平得到不断提高，她的名声也渐渐外传开来。后来师傅单独分一个团队让她担当演出，师傅一天只给她两角钱，其余的演出收入全部上缴师傅，这样的情形一共维持了四年。

在锡剧的演艺生涯中，20世纪三四十年代是姚家兰的辉煌鼎盛时期，她擅演花旦，外貌俊秀，表情细腻，唱腔甜糯圆润，婉转明丽，常常博得戏迷们的热情追捧。每当演出结束后，舞台的后台经常有人围堵，有请吃饭的，有请签名的，有想交朋友的等。姚家兰先生说：那时的报纸上、广告上都有我的演出海报，一些绅士达人、社会名流的折扇上，也印有我的演出照片。我一个人根本不敢上街，唯恐惹上麻烦，有事都叫师妹出去办的。我演的地方大都在无锡、苏州、常熟、昆山、太仓等地，上海、武汉也去演过。尤其在无锡，"中央大戏院"是锡剧界最高档次的舞台，我在那里演过《林子文》《顾鼎臣》《常遇春》等戏，在"第一台大戏院"也演了不少戏，大受戏迷们的欢迎。姚家兰在当时的火爆程度，完全不亚于当今的一线演员。

姚家兰先生在唱戏的同时，也收了几位徒弟，其中在她二十一岁时收的徒弟，就是日后名震一方、被誉为"水乡一枝梅"的姚梅凤。姚梅凤，原名张梅凤，儿时在吴江震丰丝厂做童工，日寇入侵后失业，生活无着落。十五岁时张梅凤母亲托人介绍拜锡剧艺人二十一岁的姚家兰为师，并改姓姚，学唱锡剧。姚梅凤十六岁开始登台唱戏，从此走上了锡剧舞台。新中国成立前夕，姚梅凤和锡剧艺人王呆初等组建了联谊苏锡剧团，常在苏州阊门外小荒场演出。那时还在演戏的姚家兰，因她在舞台上吐词清新，用词较雅，表演文明，与其他粗俗的幕表戏有着截然的不同，受到了观众的极大欢迎和喜爱。新中国成立后，姚梅凤任剧团团长，王呆初任副团长，1951年剧团改名为苏州市友好联

【上】姚家兰在《三请樊梨花》中的扮相

【下】姚家兰与学生姚梅凤（左）、周金媛（右）

谊锡剧团。1952年，根据苏南行政公署的决定，剧团划归吴江县领导，改名为吴江友好锡剧团（后改为吴江县锡剧团）。从此，姚家兰先生跟随剧团落户吴江。由于年岁上的原因，姚先生先演一些配角，后来再也没登台演戏，她身体力行地协助团里做一些指导性的工作。在1965年，国家实行"精兵简政"政策，姚家兰按组织要求，与几位同事一起转业到地方上工作。姚家兰先生转到同里商业条线上，当上了一名营业员，从此告别了她热爱一生的舞台生涯。

鉴于多方原因，吴江县锡剧团于20世纪80年代留编整顿解散了。但是这些大半辈子献身艺术的人至今仍保持如亲兄妹一般的关系，平日里经常互相探望，嘘寒问暖，共同回忆过去的岁月。剧团中的小辈们、家属们也常常尊称她为"家兰好婆"。

也许是那些不同经历让他们更能品味出生活中的甜酸苦辣；也许是人生中的许多坎坷和故事，让他们有更多值得回味无穷的东西。姚家兰先生不愧是吴江戏剧界中的一朵芬香的幽兰。

（注：在采访的下一年，姚家兰先生于2008年的中秋之夜，溘然长逝，享年九十三岁。感谢姚家兰外孙凌晖先生提供照片）

李松英：推经传人

四十年前，松陵镇上有个李四宝，因为嫁给了徐家，人们一直称她为"徐老娘"，因为她有一手为婴儿推经的绝活，"徐老娘"的名气越来越响。斯人已去，她的绝活却没有随人而去，而是幸运地传给自己的孙媳妇李松英如今，李松英没有几个人知道。

徐老娘推经有后人　徐阿姨"独立"行医四十年

在松陵镇鲈乡四区一个静谧的小院落里，总有三三两两的大人们带着婴儿出入，不管是刮风下雨、风雪连天的寒冬，还是惠风和畅、骄阳似火的春夏，似乎都挡不住人们的脚步。原来这些人都是经过口耳相传，带着一颗急切的心，带着患病的小儿，慕名而来到那一块"徐门祖传，小儿推拿"的招牌下，请求推经的。

说起推经，似乎是桩很神秘的事，但如是说"推拿"，人们就会释然而解。推经只是民间对婴儿治疗推拿的一种习惯称呼。在民风淳朴的松陵镇上，20世纪50至70年代，城内除了正规医院的名医马云翔、袁自复、曹云岐（均为中医内科）、黄培芝（中医外科）、施延明（针灸）、凌应璧（西医妇科）等高手外，民间在医术等方面的能人也有很多：如中山街上的金先生以一枚金针名闻江城，他的推拿手法以及艾条用法，在治疗儿科上有独特建树；又如刘传芬女士也是一位有着民间祖传秘方的眼科医生，在治白内障方面有一技之长；凌和兰（读音）主事接产，擅中医。在这些民间名医中，县府街中心巷的李四宝———人们尊称为"徐老娘"，也可谓是闻名遐迩，老幼皆知。

从20世纪30年代至50年代末，徐老娘以徐门独技闻名于松陵，她以接生、推经为业，为镇上及周边地区的家庭接产新生儿，为婴幼儿推经治病。随着岁月的流逝，徐老娘的推经术广为人知，而在婴幼儿体质的柔弱和生命的脆嫩面前，徐老娘特殊的治病方式却能轻松祛病消灾，更受群众的喜爱和欢迎，成了镇上民间医生中一张响当当的名牌。后来，政府介入了医疗保障，产妇全部进入医院生产，使这门技术难以流传。徐老娘在1978年6月以八十九岁的高龄谢世，幸运的是她为徐门推经术留下了后人。

年有六十多的徐阿姨，本名李松英，是土生土长的松陵人，也是徐门推经的嫡系单传第六代传人，当年在徐老娘的指导下，她二十七岁开始研习推经，跟随徐老娘学了三年多，学习各种祖传穴位脉络，熟稔推经使用的中草药秘传配方，掌握了婴幼儿常见的临床症状后，徐阿姨从此走上了独立推经的道路，至今已有四十个年头了。

医生治不好自己的孩子　　番茄外表完好内里却被捏烂了

徐阿姨与我是多年前的楼上楼下老邻居，她的推经本领我早已有所耳闻，只是一直没有时间和机会一睹她的真功夫，这个结一直在我的心上。在2014年到来的前夕，我叩开了她家的小院门。正巧一位来自三里桥农村的中年妇女带着刚出生四天的宝贝孙女前来推经，这个弱小的生命黄疸较重，妇女指着另一位三岁的女孩对我说道："伊小辰光也是到咯里来推经推好咯。"

【左】"徐老娘"祖传牌子
【中】"徐阿姨"李松英在为婴儿推经
【右】李松英获得的荣誉证书

看着妇女一脸虔诚的神色，我内心佩服着这块祖传招牌在民间的魅力。徐阿姨把推经用的药料准备好后，一边开始为出生四天的婴儿推经，一边与我聊了起来。

徐阿姨说，为婴幼儿推经是有讲究的，不是各种症状全可推的，而且推经的对象是初生至十八个月大的婴儿，症状适合于无热性抽搐、发热惊厥、黄疸、腹泻、便秘、厌食、夜啼、鹅口疮、吐奶、咳嗽等。由于初生婴儿缺乏抵抗力，易患上各种病症，又难以打针服药，所以自古就有"只推拿，不服药"一说。推经通过推拿手法，疏通经络，打通穴位，缺金补金，缺水补水，增强婴儿自身抗病能力而抵御"外邪"。所以在中国传统医学中，婴儿推拿是很受民间欢迎的一种医术。

当然，在推经过程中，其手捏的轻重、次数等都得讲究分寸，都有变化，且每一个穴位的对应功能也有所不同，要区别对待。手力不到位，病灶去不了，手力太重，则会损伤婴儿皮肤，这真是一门"软硬兼施"的功夫。至于手法如何控制轻重软硬，徐阿姨说起了她的学徒练习经历。学习时手中拿着番茄，进行来回拿捏，捏到最后，番茄的表皮完好如初，而番茄里面已经稀散如汁，如达到这样的功夫，就可以学习推经了，所以这是一道难以言传的手艺活。婴儿与大人一样，身上有很多穴位，但是只有一百三十六个穴位可以用作推经，在推经前先要询问陪护人的情况，要察看婴儿的肤色，如有发青发红的症状要多加注意，例如刚挂好盐水的，在二十四小时内也不能推拿。

黄疸病是婴幼儿中最常见的病症之一，新生儿大约百分之六十有黄疸，大部分是由胆管细小狭窄引起的，也有饮食不当、胆红素偏高引起的。在医院治疗中，往往是用蓝光照射，由于辐射，一些部位需要遮挡，所需时间也相当长。民间则采用晒太阳的方法，也是一种不错的选择，但会受到阴天、雨天的影响，时间也蛮长，有些便放弃了。所以，在治疗黄疸方面，推经术有着它独到的长处和优势，普遍受到了民间的欢迎和热捧。另一种婴幼儿的无名抽搐发热病，在医院里也是较难医治，只有通过推经手法，才能取得较快且良好的疗效。至于为什么会这样，作为民间推拿师，徐阿姨也说不出什么高端的理论来解释其中的奥妙。如有一病例，婴儿的父亲是从昆山、苏州问诊找过来的，婴儿的黄疸十分严重，经过十几次的推拿，终于治好。婴儿的父亲最后不好意思地告诉徐阿姨：我也是一名医生，但我就是找不到好的医治办法。

看着徐阿姨熟稔的推经手法，她不时会在一小盅里蘸着液体推在婴儿身上，一问，得知这是推经必用的祖传药酒。这药酒大致由酒和中药材组合而成，泡制半年以后才能用。推经除了手法以外，这药酒也有着事半功倍的效果。出于对祖传秘诀的尊重，我没有追问一些药材细节。

那位出生四天的婴孩宝宝刚刚推拿好，又一对来自松陵清树湾的小夫妻，带着三个月的婴儿来推经，他们也是听着介绍寻找到这儿的。徐阿姨察看小孩后，马上说出了病因所在，我很诧异。徐阿姨说，诊断小孩子主要是靠眼力和判断力，要看"三关"，即风关、气关、命关，还要看面色，听哭声。经与小夫妻交流后，确定徐阿姨的判断是正确的。

宝宝可怜，不能让他安乐死　手艺不能失传，儿子继承衣钵

徐阿姨推经至今，积累了不少人气和口碑，赢得了受益者的一致好评。

近至松陵和近郊，远至苏州、嘉兴、上海等地，常有人慕名而来。如遇上一些家庭困难者，徐阿姨会少收甚至不收费用。2013年年初，徐阿姨家人从电视上得知，苏州相城有个两个月大的婴儿得了怪病，在医治无望的情况下，婴儿父母请求医院让小孩安乐死。这一消息触动了苏州及省级媒体，更触动了徐阿姨的那颗慈善之心，她立即跟电视台联系，赶赴苏州相城婴儿家，为婴儿进行免费治疗。徐阿姨说："穴道如果能打通，如果能哭出来，就有救了，哭不出来就没救了。"经过长达一个多小时的推拿，婴儿的情况慢慢好转了过来，婴儿父母似乎也看到了一丝希望。徐阿姨后来说："免费为他治，我是出于一份爱心，宝宝可怜。"为此，在2013年年底，徐阿姨获得了由苏州市精神文明办、苏州市妇联、苏州日报报业集团、苏州广电总台颁发的"感动苏州百名好邻里"奖状。

作为一门祖传手艺的继承人，徐阿姨从学艺到自立，再到发扬光大，走了一条传承的道路，但她又不局限于老的方式。通过四十年来的探究实践，在"徐老娘"的基础上创新摸索，结合新学科新病症，在民间婴儿推拿方面形成了一套自己的东西。如目测能看出婴儿是顺产还是剖宫产；能对无热抽搐给予全面应对等。徐阿姨的单门独技得到了民间百姓的青睐和口口相传。网络上有一则"家有黄疸宝宝的妈妈看过来"的消息：听说吴江有个推经的，黄疸一推就见效，我宝宝十五天检查，黄疸偏高去推的，家里亲戚的小孩都推，有的出生回家就推了，有的不舒服也能推好。

中医源远流长，推经通络的历史源流可追溯到黄帝时代。它是人类最古老的养生调理方法之一，明代就有龚云林的《小儿推拿秘旨》，还有婴幼儿平时保健推的《太平经》等。可见，在漫长的社会进程中，作为古老的一种养生调理方法，推拿术就这样一代一代流传了下来。现在通过网络搜索，也能查到一些有关推拿的知识和辅疗方法，更便于人们熟悉掌握，推拿已经不再是神秘的医术了。

徐阿姨的推经术，也许只是推拿技术中的沧海一粟。她说不出什么深奥的系统理论，更谈不上宗师流派。她只是潜心于继承徐老娘的衣钵，在治疗调理婴幼儿的同时，也为自己的生存谋得了一份受人尊敬的祖传手艺。有幸的是，徐阿姨准备把这门技艺传给自己的儿子，不至于在她的手上失传。

走出徐阿姨的小院门，回望墙上的"徐门祖传，小儿推拿"这块牌子，我在想，像这一类普遍受百姓喜爱的、为正规医院拾遗补阙的独门技术，是目前吴江极为稀少的一种手艺，在非物质文化日益稀少、积极申报"非遗"项目的今天，不知有无它的一席之地。

周鑫华：带有泥土芳香的农民艺术家

2007年，金风送爽，天高云淡，我驾车一路奔驰，不断掠过松陵古城、飘香的稻田、如镜面镶嵌的片片鱼塘，开了足足二十四公里的车，终于来到乡野腹地——松陵黑龙村。在乡间小路旁的一幢小楼里，我找到了本文主人公周鑫华先生。这位有着三亩八分地、房前屋后种满蔬菜果树的农家汉子，正在热情等候我的到来。看着他那淳朴的笑脸，握着那粗糙的大手，我怎么也找不出他身上所能体现的艺术细胞和气质。

进入他的居所，也是他的展示厅，迎面墙上琳琅满目，一幅幅画作色彩斑斓；一件件实木雕刻佛像令我大开眼界，吸

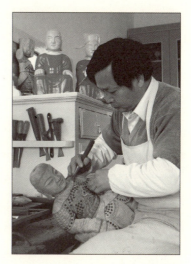

周鑫华在制作佛雕

引着我抬手轻抚。一大摞奖状证书，让我再次见证了周鑫华的实力，佩服之情油然而生。这些充满乡土风韵的农民画，给农家小屋平添了不少生机和趣味。边上一间工作室，摆放着各类木工工具、油漆涂料，也道出了主人亦工亦农的身份。通过了解，他的艺术道路竟是无师自通，缘于自己的天分和努力。

是一位农民更是一位画家

周鑫华出生在松陵八坼社区黑龙村，是一位土生土长的农村人。幼时的他受一位"下放干部"影响，从而对画画着了迷，一有空就喜欢涂鸦，艺术的天分在那时就露出了端倪。由于家里贫穷，没钱买纸笔、颜料，他只得靠星期天捉黄鳝、鱼虾换来的钱来买。初中毕业后，他拜师学了木工，但仍没放弃画画，一有空就临摹，村里乡亲的鼓励赞扬，成了他那时最好的动力。

功夫不负有心人，机会总是眷顾那些勤奋者的。在20世纪80年代后期，周鑫华遇到了一次画画上的重大转机，他从吴江一位美术工作者那里偶尔得知，苏州正在筹办首届农民画展。那位老师鼓励他创作绘画，要用自己的作品去参展。周鑫华便根据他平时的积累以及结合生活感受，精心创作了一幅《家乡新貌》农民画送展，不料一炮打响，得了个优秀奖。这对于一个农民来讲，不啻田间一声春雷，从此他在农民画创作的道路上一发而不可收。他平时注重观察，从生产生活中发现亮点，作为创作的源泉。黑龙村的点点滴滴、物品、景象，以及北港水、三角荡这些带着浓郁本乡本土生活气息的素材，都成为周鑫华的描写对象和创作源泉。

周鑫华凭着他那憨厚的韧劲和钻研，先后创作了《新房》（获江苏省第三届农民画二等奖）、《我爱我家》（获江苏省第二届农民画展铜奖）、《家当》（获江苏省第三届农民美术书法大赛优秀奖）、《龙舟竞渡》（入选2008中国农民画画展）、《情系太湖》（获首届中国农民艺术节中国农民画精品奖）等农民画，每幅作品充满着乡土气息和韵味，极朴实地表现了当代农村的风俗风貌和一些情趣故事。他说，他画的题材都是身边的人和事，都是与农村生活紧密相关的，是名副其实的农民画。从众多散发着"泥土味"的奖状证书，可以看出他在农民画的道路上付出的艰辛与执着。

我粗略统计了一下周鑫华的创作成果，他创作的农民画在全国农民画展中获得过两次大奖，在省级比赛中获得过七次大奖，在市（县）级比赛中获得了二十多个奖。他的农民画曾作为吴江政府的礼品，赠送给日本友人。这些成绩的取得，无疑是对他作品的褒奖。尤其在2007年由苏州市委宣传部、苏州市委对外宣传办公室、苏州市文广新局编制的《苏州市对外文化交流推荐项目》一书中，以苏州地区特有的艺术画种，辟出"农民画"一栏，专门介绍周鑫华的作品，肯定他的作品"充满了清新质朴的泥土风韵和新农村充满生机的现代化生活气息，画面造型夸张、色彩明快、构图饱满、极富情趣，蕴含着对家乡和劳动生活的深厚感情，给人强烈的视觉效果和审美享受"。

周鑫华的农民画，在2011年被评选为"吴江市非物质文化遗产"。

是一位匠人更是一位传人

除了农民画，周鑫华主要以木雕生计养家，在他东面的房屋里，摆着许多尚未完成的木雕佛像作品。自古以来，绘画艺术与雕塑艺术是相似相通的。明末清初以来，江南一带就有民间佛刻匠，并形成各自独特的工艺风格。周鑫华自1979年拜师学艺以来，一直主要从事着佛像雕刻。

多年下来，他学得了一手好技法，镂空雕、浮雕、立体雕件件拿得出手，经他鬼斧神工般的巧手雕刻以及后道工序中的修光、上漆、开相，他塑造的佛像造型生动，憨态可掬，慕名前来请佛像（立体雕）作为家庭供祀的人越来越多。同时，由于民间各种寺庙的修复、重建以及民间一些俗神的供奉，一些大型佛像的需求也在增加。如位于八坼神隍庙内的佛像，高达两点一米，他采用"六膝架"的制法，使之每个关节都能转动，形神逼真。又如刘王庙中的官船，长达两点三米，几乎是仿比例做出来的。由于周鑫华在佛雕方面心无杂念，潜心攻研，赢得了良好的声誉。前往他家定制佛像的人遍及周边农村地区及浙江南浔、上海青浦等地。2004年的秋天，在相关人士的陪同下，日本甲南大学教授稻田清一、兵库县立大学文学博士太田出、滋贺大学史学博士佐藤仁史等人，也慕名前来定制佛像一尊。所以说，作为民间佛雕艺术，它有着广泛的民间基础和实用价值。

周鑫华不同于一般匠人，他有着特定的美术眼光，因而他的佛雕作品总是透出一种灵气和神圣的敬意。鉴于周鑫华在这方面的造诣及对传统工艺的挖掘传承，他的"松陵佛雕"工艺，被吴江市人民政府、市文广新局评为"吴江市非物质文化遗产"。他带的徒弟也正在朝"松陵佛雕"的发展方向探索下去。

是一位艺术家更是一位杂家

集画家、木雕艺术家于一身的农民周鑫华，他身上所凸现的艺术才华远远不止这两样。他的玻璃画作品，极富个性风格，多次参加吴江、苏州的展出并获奖。他的一把二胡，可以拉得如醉如痴，尤善于拉上几段锡剧曲调，村里、社区的文艺活动，常有他活跃的影子。他还热心免费辅导农民画技法，让更多的学生掌握这门民间艺术，他的学生多次获得教育部艺术教育委员会颁发的奖状，天津人民美术出版社、《少儿美术》杂志、《中日艺术交流》杂志社等都为他的学生发奖或刊登作品。他的侄子则考入美术高校。

周鑫华的农民画作品《我爱我家》

作为农民艺术家,周鑫华一直耕植于乡村,汲取着乡野自然丰蕴的营养。他用自己质朴的情感,徜徉在民间艺术的海洋里。据吴江市美术家协会有关人士介绍,目前,我区只有周鑫华还在坚持创作农民画。他已经成为江苏省工艺美术学会会员、江苏省农民书画研究会会员、苏州市美术家协会会员。因他的突出成就,周鑫华被收入吴江市委宣传部和市文联主编的《文学艺术人才库·美术卷》中。

周鑫华,这位以农村为根,以农民为本,用执着和勤勉不断向艺术高峰攀登的普通匠人,以实际行动论证了"艺术来源于生活又高于生活"这一道理。他用一双粗糙而灵巧的手、淳朴而敏锐的视觉、纤细而跳跃的思维,创造出一件件赞不绝口的佳作,给我们带来了美的享受。

孙承孝：巧匠之手塑美景

时年六十九岁的孙承孝先生，看上去温文尔雅，一点也看不出有"匠"气之质，但一旦你见到他的微缩景观作品后，你便会啧啧称奇，不由赞叹。这是笔者2012年7月间第一次见到孙先生的印象。

孙承孝老人是镇江人，1954年随父到吴江定居，也算是个老松陵人了，他对松陵的变化看在眼里，记在心里。他曾在航运公司做过财务，后在吴江交通局经理部做过人事行政工作，长年的文职生涯，造就了孙先生严谨、细致的习惯，以及良好的钻研精神，为以后的艺术爱好烙下了深深的痕迹。

孙先生退休后，喜好旅游的他时常出去游览祖国大好河山，吴江的名胜古迹更是他

孙承孝在摆弄微缩景观

常踏足的地方。看多了，他心里不由地萌发出要把景观"带回家"的念头。

那年吴江电视台播出了松陵垂虹桥景区将要修复的报道，老孙看后热血沸腾，冲动了好久的一种激情终于迸发了出来。带着对吴江文化的热爱，他开始首次微缩景观的制作，用了近一年的时间，按一比三百的比例，有近两平方米之大的一座吴江古城，欣然面世。这座古城包括城墙、城楼、垂虹桥、城隍庙、鲈乡亭、三天门、三里桥、孝母坟、各条河道等景观，俨然一片古城全貌。作品的成功，引来了电视台的采访报道，为群众所赞赏，这更增加了孙先生在这条道上坚持走下去的信心。

孙承孝制作的微缩景观全是靠自学自研得来的，他向书本请教，向大自然学习。所用材料几乎全是废物利用，有各种纸板、铁丝、树枝、烟盒、水泥、胶水乃至牙签等。如他做的《退思贴水园》微缩景观，完全是按一比两百五的比例做出来的，这里的回廊、漏窗、房屋、曲桥、旱船、亭子、门洞、石岸、假山、花草树木都是做得有模有样，活灵活现，甚至草堂屋的中堂对轴书画也仿做得惟妙惟肖。假山先是用水泥捏成不规则小造型，待干后再用胶水垒叠而成，有着太湖石的皱、透、漏特性，几可乱真。他多次往返于同里退思园，拍了无数的照片，用于实景与微景比对。孙先生的真情感动了同里旅游公司经理，并为之提供了园林平面图，为孙先生造型的逼真，打下了坚实的基础。滢滢池塘，亭台楼阁，郁郁草花，曲桥通幽，每件房屋里还配上了小电珠，闪闪烁烁的灯光，使这座《退思贴水园》更显妩媚多彩了。

孙先生娴熟于吴江历史，对各地名胜有着特别的喜爱，他先后制作了《吴江学宫》《同里三桥》《垂虹桥》《桂林山水》《西园放生池》《镇江焦山》等一大批微缩景观，有的甚至重复做很多件。这些景观形态小巧、造型玲珑别致，比例正确，体现着整体艺术美的内涵。孙先生认为，制作微缩景观首先要把握忠于原景的原则，根据比例，进行缩小，在景点分布上，无须再创造。如《同里三桥》中的台阶，他也是按实际阶数制作的。为了求得景观比例尺寸的大小，他常用双脚当尺，进行丈量，记下数据，再结合照片，进行精确计算。为了体现真实，就是连树木有多少棵，他也是一一点清，如数照做。所以每一座微缩景观的背后，都凝聚着老孙的一片痴情和心血。

他是一位能工巧匠，他会利用各种材料，进行合理制作，用细瓦楞纸板做屋顶，用牙签的头做栏杆，铁丝做柱子，小珠子做灯……各种材质的边角料到他手中都是宝贝。他说，只要能利用，他全会用上去的，包括路过垃圾桶，他也会多看上一眼。在景观的色彩上，他是尽量忠于原景，挑选同色的材质制作，少用涂料，他说这样易于保存，不会变色。

　　在他的制景工具中，美工刀、钎、锤、锯、钳、锉、烙铁、剪刀、铲刀、胶水、电线等，琳琅满目，一应俱全。他说，工具和材料都无法则，只要用对了，就是好东西。由于是立体式的景观，所以每一个细小景点，他都认真对待，绝无马虎搪塞之心。

　　他的作品主要是体现逼真，体现原汁原味，是实地景观的复制，是逝去景观的再现。老孙的艺术之手，让我们不出家门也能体验到景观的风貌和特色，并保留下了再也看不到的景观。他用智慧、用勤奋塑造了心中的美景，为我们带来了新的视觉享受。同样，他也很享受这样的制作过程。

　　老孙谦逊地说道，退休后做点力所能及、心中喜欢的东西，也是老有所乐的表现，制作景观、莳弄盆景，这对怡养情操、锻炼脑力和动手能力是很有帮助的，喜欢这样做下去。目前，老孙制作的微缩景观，有的送给亲朋好友了，家中还有七八件陈列着。

钮永黔：给葫芦烙画的人

说起绘画圈中烙画这一画种，在我们吴江还真是不多见。但在第八届全国"山花奖"的评选中，吴江同里的段炳臣以精美的烙画《同里退思园》作品荣获了"山花奖·民间工艺美术作品奖"，震惊江南，令世人刮目相看。烙画这一古老画种又重新回到了我们的视线之中。

烙画，说起来很简单，就是用烙、烫的方法在木板上、葫芦上制作出来

钮永黔的烙画工作照

的画。画面呈褐色，加上底色作用，处于冷暖色调之间，格调很像国画。烙画的装饰味很足，具有立体感。烙画源于西汉，盛于东汉，在中原有几大派系。后流行于20世纪80至90年代初，是当时家具书橱、立柜、茶几、炕琴的重要点缀形式之一。由于这是一项稀有的民间手工艺，要学会也不是件易事，所以在我们吴江会烙画的人，真是少之又少。

当笔者获悉松陵镇上有人会烙画，不禁如获至宝，于2010年的7月登门拜访。

居住在水乡社区振泰小区的钮永黔先生，时年七十二岁。钮先生早年在盛泽米厂工作，1960年调到松陵米厂，长年从事机修工、电工工作，练就了他敏捷的思维和灵活的动手能力，对电器颇为在行。平时喜欢搞点小创意发明和小电器装配，从矿石收音机到晶体管半导体，从电脑486到586，从自制节水装置到花卉栽种等都难不住他。到了退休后，喜动的钮先生更是闲不住，屋里的半个客厅俨然成了他最大的工作室，也是他收获乐趣的最佳场所。

2004年的一次偶然的旅游，让他与烙画结下了不解之缘。

那年钮永黔夫妇到浙江南浔游玩，钮永黔惊喜地发现那里有着各式各样的烙画工艺品陈列，也有民间艺人手拿电烙铁在当场烙画。见此情景，电工出身的钮先生，这下给迷住了，久久不肯离去。同时，在心中萌发了自己动手进行烙画制作的想法。

从此钮先生开始摸索并尝试着烙画创作。"工欲善其事，必先利其器。"他在天井小院里，每年轮番种植大量的葫芦，经过去皮、掏空、风干、日晒，把玩以后，待葫芦水分干透，皮色呈黄，完全变成木化后才可用作烙画材料。在烙画工具上，他利用娴熟的电工知识，对电烙铁进行改良，自绕线圈减低电压，做成了可以随意调温的烙笔，并进一步对烙笔加以改进，使之笔头可以调换，有粗的，有细的，有弧形的，有异形的，以适应烙画、烙字时所需，就如毛笔一样，在点、线、面的使用中，用出不同的软硬度来。

在葫芦上烙画是要有美术功底的，钮先生凭着小时候喜欢画画的一点功底，于2005年参加了市老年大学国画班，他每星期都会去听一次课，国画老师深入浅出的专业讲解，让他茅塞顿开，烙画的激情倍增。平时在家临摹名家的各种字迹，以提高书法水平。如今，他可以在葫芦上、三夹板上烙出各种人物、山水画和字。

烙画也要讲究构图、布势、取舍、疏密等章法，所以在葫芦上烙画，的确要点真功夫。除了美术技法外，还要对葫芦的特性有所了解，对烙笔的掌握要心中有数，对烙出的色彩、深浅、虚实及烙笔时手中的轻重，都要做到意在笔先。钮永黔的作品选材，大都是自种的葫芦。他说："其一葫芦是自产自销，不计成本图个乐趣；其二葫芦是中国传统文化中的最原始的吉祥物之一，它在古代是被当作镇邪的宝贝。葫芦谐音福禄，拥有葫芦，即拥有福禄；赠送他人葫芦，即赠送福禄，所以在民间相信葫芦能避邪气又象征吉祥。"因此，千百年来，葫芦作为一种吉祥物和观赏品，一直受到人们的喜爱和珍藏，葫芦以其独特的历史渊源、深厚的文化内涵以及广泛的群众基础，在现代文化中仍占有重要的地位。

而钮先生的作品题材大都以字和山水画为主，结合葫芦的特性，以宁静致远、淡泊明志、喜庆吉祥、健康长寿为创作主题。他一方面从网上下载了许多名家作品和相关图片，另一方面利用相机，碰到好的字画就拍下来，通过电脑打印后，先加以临摹练习，后在葫芦上用铅笔淡淡地勾上字样和轮廓，然后用烙笔依照字画的模样，用国画的基础

【上】葫芦字画作品
【下】钮永黔的葫芦小院

和细心的烙笔技艺，有轻有重地描绘起来，颇有那种"依葫芦画瓢"的架势。葫芦有大有小，钮先生因材施画，以他巧妙的手笔，每年要烙一大批葫芦画和少量的夹板画。他还制作了各种造型的茶壶葫芦、福葫芦，在葫芦底部加个圈，做成了不倒翁葫芦等。为此，《吴江日报》曾专程采访并报道了钮先生的烙画情缘。他的葫芦烙画同样也得到了亲朋好友、社区邻里的青睐，每年要送掉好多精美的葫芦字画。在获得人们喜庆恭贺的同时，钮先生的内心也会荡漾着朵朵浪花。现在在他家的一只茶几上还陈列着许许多多的葫芦烙画。

在钮先生的葫芦棚下，望着毛茸茸的小葫芦，他兴致勃勃地说，只要条件允许，他还会继续烙下去，这样既修身养性，又对健身健脑大有益处，并且送人葫芦时还会带来愉快的心情。钮永黔用手中的烙笔，烙下了他晚年生活的多彩篇章。

第六章

印影留痕

这里所展示的近五十幅旧照和文章中的旧照,大多数摄于20世纪80年代和90年代,反映出了民国以来松陵所保留下来的街况原貌和部分近代的建筑,从中我们可以看到当时城镇的建制规模、江南水乡的建筑特色、人家尽枕河的景色风貌。希望这些作品能对爱我家乡、研读松陵历史、探讨松陵发展轨迹有一些帮助。

中山街

中山街为南北通向。原北门水关到三角井的河道东侧街道旧称北塘街，1925年5月孙中山逝世后，北塘街命名为中山街。"文革"中一度称东方红大街。此街是松陵镇的主要街道，更是县城的主干道。街道上商铺林立，商业经济较为繁荣密集，是松陵镇人气最为旺盛的街道。20世纪80年代始，中山街拆除西侧房屋，东侧进行改造，后拆除旧房，并向南北两端扩展延伸，现新命名为中山路。

北塘河

北塘河为南北通向,从北门水关经三角井至西门水关,是城内的主要河流干道。北塘河东靠北塘街(今称中山路),西依下塘街(今称中山路),在小仓桥(今称仓桥)、三角井和原松陵农贸市场处,分别接通宝带河、玉带河(已填)、金带河(已填)。1980年,北塘河小仓桥至西门水关河段被填平。1987年修筑北塘河驳岸一百九十五米,1998年在北塘河上新建有渊博桥、北新桥。

县府街

县府街原为旧县衙前的马路，民国时改建成弹石路，旧称县前街，后称县府街。县衙历经宋元明清、民国各时期，为县衙所在地。县府街东至公园路，西至府西街，后延伸到鲈乡南路。"文革"中一度称革命街。新中国成立后，县府街同样是吴江县（市）委、县（市）政府的办公所在地。街道上有饭店、理发店、烟杂店、酱园店、老虎灶、裁缝店等少量店家。现称县府路。

北门、东门

　　北门、东门是松陵镇的两大集贸商业区,为两大区域内的居民百姓提供生活配套服务,并有一定的商品特色。北门外接轮船码头和公路省道,是松陵通向外埠的一个窗口,另有多家小型工厂。东门旧称盛家库镇(江南市),是松陵镇的热闹商业区,有茶馆、酒肆、鱼行、肉店、烟杂店及农杂品店、各类作坊等,曾有轮船码头。东门由航前街、湾塘里、新盛街三块组成,盛家库也是通往太湖的重要门户。

北新街

北街街东至公园路，西到中山街，现称永康路（东端）。旧时由震泽县前街与北新街组成。现友谊商城处为清代震泽县衙，内有北监，新中国成立后改为县拘留所。东端后废，成了芦苇沼泽地。20世纪80年代初开始复建为路，并沿街两侧先后新建了松陵电器厂、吴江县锡剧团宿舍、艺海大厦、吴都大酒店、吴江第一人民医院、吴江县广播电视局等。20世纪90年代后期，北新路与西端的永康路接通并建了北新桥，打造成了吴江第一条步行商业街，北新街遂改名为永康路。

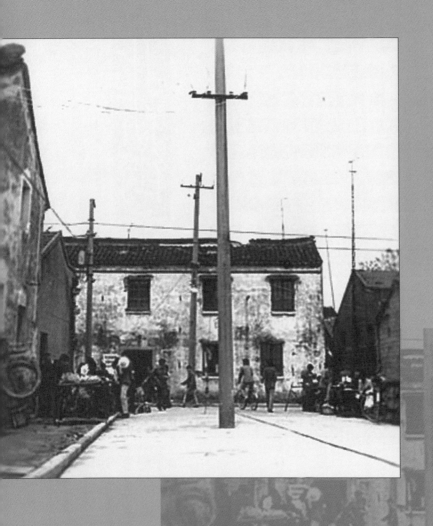

祥园弄

祥园弄因弄内有祥园（园林）、祥园书场而得名。弄侧早有一园林共怡园，俗名"祥园"。共怡园建于1370年，园内池台花木俱全，也有古物，后毁于咸丰战事。祥园弄东西走向，东至东河头，西到庙前街。弄内住户不多，较为清静。20世纪50年代，共怡园为县广播站征用。"文革"后，祥园书场也遭关闭。祥园弄今已不在。

城中广场 轮船码头

城中广场位于万亚购物中心南,紧靠中山路,现为收费停车场。这里在20世纪50至70年代末期,一直是松陵商业中心,最著名的有鸿运楼饭店。80年代初,该地段进行拆迁,一度成为城中露天菜场。2000年该地重新整修,作为市民广场开放。吴江轮船码头位于京杭运河西岸三里桥北,始建于1929年,与当时的吴江汽车站相邻。有平房数间,设候船室、售票处、货栈和值班房。后因公路建设发展快,客轮逐渐淘汰,至20世纪末,吴江轮船码头退出历史舞台,旧址现为运河景观区。

街景拾趣

松陵街区不大，但也各具特色。随着旧镇貌的逐渐消失，一些旧景旧貌只能留在人们的记忆中了。这些照片摄于20世纪80至90年代，说远也不远，但再次看到这些旧影，也许心里多少有些感慨。熟悉的街景、熟悉的道路、熟悉的老房，这就是乡愁的根、乡愁的源。

参考书目

《吴江县政》，江苏省吴江县政府编印，民国23年出版。

《吴江县志》，吴江市地方志编纂委员会，江苏科学技术出版社1994年版。

《松陵镇志》，松陵镇志编纂委员会，广陵书社2013年版。

《吴县志》，吴县地方志编纂委员会，上海古籍出版社1994年版。

《吴江市水利志》，吴江市水利志编纂委员会，广陵书社2014年版。

《吴江市军事志》，吴江市军事志编纂委员会，2011年版。

《吴江市法院志》，吴江市法院志编纂委员会，古吴轩出版社2013年版。

《中国地方志集成·江苏府县志辑》（乾隆《震泽县志》《震泽县志续》《垂虹识小录》），江苏古籍出版社1991年版。

《吴江丝绸志》，周德华，江苏古籍出版社1992年版。

《纵览吴江·吴江五百年古代地方志汇编》，吴江市文化广播电视管理局，江苏电子音像出版社2006年版。

《道光吴江县志汇编》，吴江市档案局，广陵书社2010年版。

《吴江记事》，吴江区哲学社会科学界联合会，江苏文艺出版社2012年版。

《吴江札记》，凌锦良，古吴轩出版社1998年版。

《吴江县大记事》，吴江县档案馆、吴江县地方志办公室，江苏科学技术出版社1990年版。

《江苏省吴江县地名录》，吴江县地名委员会，1983年版。

《松陵见闻录》，王鲲，吴江区图书馆馆藏1829年版。

《垂虹杂咏》，费善庆，1927年影印版。

《中共吴江地方历史·第一卷》，中共吴江市委党史工作办公室，中共党史出版社2006年版。

《吴江文史资料·第1辑至31辑》，吴江县（市、区）政协文史委员会。

《吴江县属轻工业史》，吴江县轻工业公司，1989年版。

《当代江苏戏剧家》，江苏省戏剧家协会，中国戏剧出版社1994年版。

《垂虹秋色满东南》，吴国良，香港文汇出版社2008年版。

《吴江叶氏午梦堂》，朱荑，上海人民出版社2008年版。

《苏州文化概论》，苏简亚，江苏教育出版社2008年版。

《南社书坛点将录》，李海珉，苏州大学出版社2012年版。

后 记

　　自汉高祖刘邦元年（前206）置松陵镇以来，松陵之名一直在太湖东岸、运河之侧、吴淞江畔为世人熟知。后梁开平三年（909）松陵成为吴江县县治所在地后，这块宝地更是产生了莼鲈文化、垂虹文化、运河文化、太湖文化、桑蚕文化等诸多的文化现象。在历史的进程中，大到各类文化现象为松陵铺垫了厚重的文脉历史，小到街巷里弄、店铺商家、民生生计为松陵织就了淳厚的民风习俗。

　　随着岁月流淌，松陵也在不断嬗变。昔日的矮房旧楼、小路小弄、老店老厂渐渐在消失或被替代；一些旧的、老的东西或物品，在不经意的时间流逝下，慢慢地消退在人们的视野里；一些口述在失传，千年松陵的沉淀物似乎越来越少。尤其经济快速发展带来的巨变，以迅雷不及掩耳之势在侵吞、消磨着千百年来留下的印记。社会民生的一些物品、社会学史的一些记载、散落民间的传统习俗等，都在经受着一场历史变革的拷问。作为一个松陵人，我在欣慰松陵发生巨大变化的同时，也在隐隐担心松陵的过去谁还记得？乡愁的印记到哪里去寻找？

　　为了儿时的一个梦，为了把乡愁落实到记忆中去，我从20世纪80年代开始，对松陵做了一些记录，通过绘画、摄影、笔记等方法，尽最大可能，把旧时的松陵印象拷贝下来，还原一个江南城镇的演变历程和其中的文化传承。

　　多年下来，我紧随松陵的变迁脚步，采访松陵老人，走进图书档案资料库，探寻镇上每一条街巷的来龙去脉，挖掘那些消失的行业店家和厂企的前世今生，考证地标建筑的今昔延续，追寻一些历史钩沉，记录部分艺人足迹。我知道，松陵的每一条街弄、每一座小桥、每一个庭院，甚至每一扇门窗里或许都有一段令人魂牵梦绕的故事；每一个行业、每一家企业，都留有动听的传说和人们为之拼搏的记忆；每一位老人都有自己的情感记录。城市变了，留下的照片却没变，照片里仍散发出了悠悠的乡情和不尽的回味；留下的文字还在闪烁字后的故事，也许文化的寻根怀旧所带来的魅力就在于此。至少，书中的这些照片与文字，作为松陵地方史料，在此能得到一些印证。

我常在想，一个城市的魅力不仅仅在于它的街道有多么繁华绚丽、经济有多么耀眼；城市的魅力还在于它的根和历史，在于那些弄堂文化，这才是真正的"地气"和"内涵"，松陵也同样如此。我们要"让城市融入大自然，让居民望得见山看得见水，记得住乡愁，要保护和弘扬传统优秀文化，延续城市历史文脉"。这更让我意识到一个城市在保留"乡愁"和"文脉"方面的重要性和迫切性。记录松陵变迁，就是记录松陵一段历史。今天我们所能做的，就是尽量传播传承一些东西。

当初拍下这些照片、画下这些画、写下这些文字，并不是为了今天的出书。后来受到许多松陵人的提议，可以结集出版，才有了这一念之想。只是本人文字功底较浅，有些故事未能写清讲透，有些街巷还有待挖掘再写，不妥之处还请多多谅解和批评指正。

在整理出版中，有幸得到了苏州太湖新城吴江管理委员会、吴江区松陵镇文化体育站的大力支持和帮助，也得到了许多老松陵人的眷顾和"松陵今昔漫聊群"群友们的热情鼓励。金伟华先生特为本书作了序，沈昌华先生、顾春荣先生、陈林春先生、朱洛敏先生、陈益明先生为本书做了很多贡献，张慧敏、王黎燕、朱文华、张网菊等人提供部分照片，还有少数照片来源于网络，因为种种原因未能找到原作者，望您能见书后与作者联系，电子邮件请发至752986181@qq.com，在此一并表示感谢。

希望本书能给读者带来一个"乡愁"中的松陵。